# MIS POSTRES 2021

RECETAS SABROSAS PARA CADA OCASIÓN

LAURA FERNANDEZ

# Tabla de contenido

# Tartas de natillas

Hace 12

225 g / 8 oz de masa quebrada

15 ml / 1 cucharada de azúcar en polvo (superfina)

1 huevo, ligeramente batido

150 ml / ¼ pt / 2/3 taza de leche tibia

Una pizca de sal

Nuez moscada rallada para espolvorear

Extienda la masa y úsela para forrar 12 moldes para tartaletas hondos (moldes para empanadas). Mezcle el azúcar con el huevo, luego agregue gradualmente la leche tibia y la sal. Verter la mezcla en los moldes de repostería (caramelos de tarta) y espolvorear con nuez moscada. Hornee en un horno precalentado a 200 ° C / 400 ° F / marca de gas 6 durante 20 minutos. Dejar enfriar en las latas.

# Tartaletas de natillas danesas

Rinde 8

200 g / 7 oz / escasa 1 taza de mantequilla o margarina

250 g / 9 oz / 2¼ tazas de harina común (para todo uso)

50 g / 2 oz / 1/3 taza de azúcar glas (de repostería), tamizada

2 yemas de huevo

1 cantidad de relleno de natillas danesas

Frote la mantequilla o margarina en la harina y el azúcar hasta que la mezcla se asemeje a pan rallado. Trabaje en las yemas de huevo hasta que estén bien mezcladas. Cubra con film transparente (envoltura de plástico) y enfríe durante 1 hora. Extienda dos tercios de la masa (pasta) y úsela para forrar moldes para tartaletas engrasados (moldes para empanadas). Rellenar con el relleno de natillas. Extienda la masa restante y corte las tapas para las tartas. Humedece los bordes y presiónalos juntos para sellar. Hornee en un horno precalentado a 200 ° C / 400 ° F / marca de gas 6 durante 15-20 minutos hasta que estén doradas. Dejar enfriar en las latas.

# Tartaletas de frutas

Hace 12

75 g / 3 oz / 1/3 taza de mantequilla o margarina, cortada en cubitos

175 g / 6 oz / 1½ tazas de harina común (para todo uso)

45 ml / 3 cucharadas de azúcar en polvo (superfina)

10 ml / 2 cucharaditas de cáscara de naranja finamente rallada

1 yema de huevo

15 ml / 1 cucharada de agua

175 g / 6 oz / ¾ taza de queso crema

15 ml / 1 cucharada de leche

350 g / 12 oz de frutas mixtas como uvas sin semillas cortadas a la mitad, gajos de mandarina, fresas en rodajas, moras o frambuesas

45 ml / 3 cucharadas de mermelada de albaricoque (conserva), tamizada (colada)

15 ml / 1 cucharada de agua

Frote la mantequilla o la margarina en la harina hasta que la mezcla se parezca a pan rallado. Agrega 30 ml / 2 cucharadas de azúcar y la mitad de la cáscara de naranja. Agregue la yema de huevo y la cantidad suficiente de agua para mezclar hasta obtener una masa suave. Envuelva en film transparente (film transparente) y enfríe durante 30 minutos.

Extienda la masa (pasta) a 3 mm / 1/8 de espesor sobre una superficie ligeramente enharinada y úsela para forrar 12 moldes para barquetas (en forma de bote) o tartaletas. Cubrir con papel a prueba de grasa (encerado), rellenar con frijoles para hornear y hornear en un horno precalentado a 190 ° C / 375 ° F / marca de gas 5 durante 10 minutos. Retire el papel y los frijoles y hornee por 5 minutos más hasta que estén dorados. Deje enfriar en las latas durante 5 minutos, luego colóquelo en una rejilla para terminar de enfriar.

Batir el queso con la leche, el azúcar restante y la cáscara de naranja hasta que quede suave. Con una cuchara, coloque en los estuches de pastelería (conchas de pastel) y coloque la fruta encima. Caliente la mermelada y el agua en una cacerola pequeña hasta que estén bien mezclados, luego cepille sobre la fruta para glasear. Enfríe antes de servir.

# *Tarta genovesa*

Hace una tarta de 23 cm / 9 pulgadas

100 g / 4 oz de hojaldre

50 g / 2 oz / ¼ taza de mantequilla o margarina, ablandada

75 g / 3 oz / 1/3 taza de azúcar en polvo (superfina)

75 g / 3 oz / ¾ taza de almendras, picadas

3 huevos, separados

2,5 ml / ½ cucharadita de esencia de vainilla (extracto)

100 g / 4 oz / 1 taza de harina común (para todo uso)

100 g / 4 oz / 2/3 taza de azúcar glas (de repostería), tamizada

Jugo de ½ limón

Extienda la masa sobre una superficie ligeramente enharinada y úsela para forrar un molde (molde) para pasteles de 23 cm / 9 pulgadas. Pincha todo con un tenedor. Batir la mantequilla o margarina y el azúcar en polvo hasta que esté suave y esponjoso. Incorpora poco a poco las almendras, las yemas de huevo y la esencia de vainilla. Incorporar la harina. Batir las claras de huevo hasta que estén firmes y luego incorporarlas a la mezcla. Vierta en la caja de pastelería (base de pastel) y hornee en un horno precalentado a 190 ° C / 375 ° F / marca de gas 5 durante 30 minutos. Deje enfriar durante 5 minutos. Licúa el azúcar glass con el jugo de limón y esparce por la parte superior de la tarta.

# *Tarta de jengibre*

Hace una tarta de 23 cm / 9 pulgadas

225 g / 8 oz / 2/3 taza de jarabe dorado (maíz ligero)

250 ml / 8 fl oz / 1 taza de agua hirviendo

2,5 ml / ½ cucharadita de jengibre molido

60 ml / 4 cucharadas de jengibre cristalizado (confitado) finamente picado

30 ml / 2 cucharadas de harina de maíz (maicena)

15 ml / 1 cucharada de crema pastelera en polvo

1 estuche básico de tarta de esponja

Hierva el almíbar, el agua y el jengibre molido, luego agregue el jengibre cristalizado. Mezcle la harina de maíz y el polvo de natillas hasta obtener una pasta con un poco de agua, luego mezcle con la mezcla de jengibre y cocine a fuego lento durante unos minutos, revolviendo continuamente. Vierta el relleno en la caja de la tarta (cáscara) y déjelo enfriar y cuaje.

# Tartas de mermelada

Hace 12

225 g / 8 oz de masa quebrada

175 g / 6 oz / ½ taza de mermelada de fruta entera o firme (conservar)

Extienda la masa (pasta) y úsela para forrar un molde para bollos engrasado (molde para empanadas). Dividir la mermelada entre las tartas y hornear en horno precalentado a 200 ° C / 400 ° F / marca de gas 6 durante 15 minutos.

# Tarta de nueces

Hace una tarta de 23 cm / 9 pulgadas

225 g / 8 oz de masa quebrada

50 g / 2 oz / ½ taza de nueces pecanas

3 huevos

225 g / 8 oz / 2/3 taza de jarabe dorado (maíz ligero)

75 g / 3 oz / 1/3 taza de azúcar morena suave

2,5 ml / ½ cucharadita de esencia de vainilla (extracto)

Una pizca de sal

Extender la masa (pasta) sobre una superficie ligeramente enharinada y utilizar para forrar un molde de flan engrasado de 23 cm / 9. Cubra con papel a prueba de grasa (encerado), rellene con frijoles para hornear y hornee a ciegas en un horno precalentado a 190 ° C / 375 ° F / marca de gas 5 durante 10 minutos. Retire el papel y los frijoles.

Coloque las nueces en un patrón atractivo en la caja de pastelería (cáscara de pastel). Batir los huevos hasta que estén livianos y espumosos. Batir el almíbar, luego el azúcar y seguir batiendo hasta que el azúcar se haya disuelto. Agrega la esencia de vainilla y la sal y bate hasta que quede suave. Vierta la mezcla en el estuche y hornee en el horno precalentado durante 10 minutos. Reduzca la temperatura del horno a 180 ° C / 350 ° F / marca de gas 4 y hornee por 30 minutos más hasta que esté dorado. Deje enfriar y cuaje antes de servir.

# *Tarta de nueces y manzana*

Hace una tarta de 23 cm / 9 pulgadas

2 huevos

350 g / 12 oz / 1½ tazas de azúcar en polvo (superfina)

50 g / 2 oz / ½ taza de harina común (para todo uso)

10 ml / 2 cucharaditas de polvo de hornear

Una pizca de sal

100 g / 4 oz de manzanas para cocinar (agrias), peladas, sin corazón y cortadas en cubitos

100 g / 4 oz / 1 taza de nueces pecanas o nueces

150 ml / ¼ pt / 2/3 taza de crema batida

Batir los huevos hasta que estén pálidos y espumosos. Agregue todos los ingredientes restantes, excepto la crema, uno a la vez en el orden indicado. Vierta en un molde (molde) para pasteles engrasado y forrado de 23 cm / 9 y hornee en un horno precalentado a 160 ° C / 325 ° F / gas 3 durante aproximadamente 45 minutos hasta que esté bien levantado y dorado. Sirve con la nata.

# *Tarta Gainsborough*

Hace una tarta de 20 cm / 8 pulgadas

25 g / 1 oz / 2 cucharadas de mantequilla o margarina

2,5 ml / ½ cucharadita de levadura en polvo

50 g / 2 oz / ¼ taza de azúcar en polvo (superfina)

100 g / 4 oz / 1 taza de coco desecado (rallado)

50 g / 2 oz / ¼ taza de cerezas glaseadas (confitadas), picadas

2 huevos batidos

Derretir la mantequilla, luego mezclar el resto de los ingredientes y verter en un molde (molde) de 20 cm / 8 engrasado y forrado. Hornee en un horno precalentado a 180 ° C / 350 ° F / marca de gas 4 durante 30 minutos hasta que esté elástico al tacto.

# *Tarta de limón*

Hace una tarta de 25 cm

225 g / 8 oz de masa quebrada

100 g / 4 oz / ½ taza de mantequilla o margarina

4 huevos

Corteza rallada y jugo de 2 limones

100 g / 4 oz / ½ taza de azúcar en polvo (superfina)

250 ml / 8 fl oz / 1 taza de crema doble (espesa)

Hojas de menta para decorar

Extender la masa (pasta) sobre una superficie ligeramente enharinada y utilizar para forrar un molde de flan (molde) de 25 cm / 10. Pincha la base con un tenedor. Cubra con papel a prueba de grasa (encerado) y rellene con frijoles para hornear. Hornee en un horno precalentado a 200 ° C / 400 ° F / marca de gas 6 durante 10 minutos. Retirar el papel y los frijoles y volver al horno 5 minutos más hasta que la base esté seca. Reduzca la temperatura del horno a 160 ° C / 325 ° F / marca de gas 3.

Derretir la mantequilla o la margarina y dejar enfriar durante 1 minuto. Batir los huevos con la ralladura de limón y el jugo. Batir la mantequilla, el azúcar y la nata. Verter en la base de la masa y hornear a temperatura reducida durante 20 minutos. Dejar enfriar, luego enfriar antes de servir, decorado con hojas de menta.

# Tartaletas de limón

Hace 12

225 g / 8 oz / 1 taza de mantequilla o margarina, ablandada

75 g / 3 oz / ½ taza de azúcar glas (de repostería), tamizada

175 g / 6 oz / 1½ tazas de harina común (para todo uso)

50 g / 2 oz / ½ taza de harina de maíz (maicena)

5 ml / 1 cucharadita de cáscara de limón rallada

Para el aderezo:

30 ml / 2 cucharadas de cuajada de limón

30 ml / 2 cucharadas de azúcar glas (de repostería), tamizada

Mezcle todos los ingredientes del pastel hasta que estén suaves. Vierta con una cuchara en una manga pastelera y coloque decorativamente en 12 cajas de papel colocadas en un molde para panecillos (empanadas). Hornee en un horno precalentado a 180 ° C / 350 ° F / marca de gas 4 durante 20 minutos hasta que esté dorado pálido. Dejar enfriar un poco, luego colocar una cucharada de cuajada de limón encima de cada bizcocho y espolvorear con azúcar glas.

# Tarta de naranja

Hace una tarta de 23 cm / 9 pulgadas

1 estuche básico de tarta de esponja

400 ml / 14 fl oz / 1¾ tazas de jugo de naranja

150 g / 5 oz / 2/3 taza de azúcar en polvo (superfina)

30 ml / 2 cucharadas de crema pastelera en polvo

15 g / ½ oz / 1 cucharada de mantequilla o margarina

15 ml / 1 cucharada de cáscara de naranja rallada

Unas rodajas de naranja confitada (opcional)

Prepare el estuche básico de tarta de bizcocho (cáscara). Mientras se cocina, mezcle 250 ml / 8 fl oz / 1 taza de jugo de naranja con el azúcar, la natilla en polvo y la mantequilla o margarina. Lleve la mezcla a ebullición a fuego lento y cocine a fuego lento hasta que esté transparente y espesa. Incorpora la cáscara de naranja. Tan pronto como la caja del flan salga del horno, vierta el jugo de naranja restante, luego vierta el relleno de naranja en el flan y déjelo enfriar y cuajar. Decore con rodajas de naranja confitada, si lo desea.

# Tarta de pera

Hace una tarta de 20 cm / 8 pulgadas

1 cantidad de Pâte Sucrée

Para el llenado:

150 ml / ¼ pt / 2/3 taza de crema doble (espesa)

2 huevos

50 g / 2 oz / ¼ taza de azúcar en polvo (superfina)

5 peras

Para el glaseado:

75 ml / 5 cucharadas de gelatina de grosella roja (conservas transparentes)

30 ml / 2 cucharadas de agua

Un chorrito de jugo de limón.

Estirar el paté sucrée y forrar un molde para flan de 20 cm / 8 pulgadas. Cubrir con papel encerado (encerado) y rellenar con frijoles para hornear y hornear en un horno precalentado a 190 ° C / 375 ° F / marca de gas 5 durante 12 minutos. Retirar del horno, quitar el papel y los frijoles y dejar enfriar.

Para hacer el relleno, mezcle la nata, los huevos y el azúcar. Pelar y quitar el corazón de las peras y cortarlas por la mitad a lo largo. Coloque el lado cortado hacia abajo y corte casi hasta el centro de las peras, pero dejándolas intactas. Acomodar en el estuche de tarta (cáscara). Vierta sobre la mezcla de crema y hornee en un horno precalentado a 190 ° C / 375 ° F / marca de gas 4 durante 45 minutos, cubriendo con papel encerado (encerado) si se dora antes de que la crema se endurezca. Dejar enfriar.

Para hacer el glaseado, derrita la gelatina, el agua y el jugo de limón en una cacerola pequeña hasta que se mezclen. Cepille la fruta mientras el glaseado esté caliente, luego déjela reposar. Sirve el mismo día.

# Tartaleta de pera y almendras

Hace una tarta de 20 cm / 8 pulgadas

Para la masa (pasta):

100 g / 4 oz / 1 taza de harina común (para todo uso)

50 g / 2 oz / ½ taza de almendras molidas

50 g / 2 oz / ¼ taza de azúcar en polvo (superfina)

75 g / 3 oz / 1/3 taza de mantequilla o margarina, cortada en cubitos y ablandada

1 yema de huevo

Unas gotas de esencia de almendra (extracto)

Para el llenado:

1 yema de huevo

50 g / 2 oz / ¼ taza de azúcar en polvo (superfina)

50 g / 2 oz / ½ taza de almendras molidas

30 ml / 2 cucharadas de licor con sabor a pera u otro licor al gusto

3 peras grandes

Para las natillas:

3 huevos

25 g / 1 oz / 2 cucharadas de azúcar en polvo (superfina)

300 ml / ½ pt / 1¼ tazas de crema simple (ligera)

Para hacer la masa, mezcle la harina, las almendras y el azúcar en un bol y haga un hueco en el centro. Agregue la mantequilla o margarina, la yema de huevo y la esencia de vainilla y mezcle gradualmente los ingredientes hasta obtener una masa suave. Envuelva en film transparente (envoltura de plástico) y enfríe durante 45 minutos. Extender sobre una superficie enharinada y utilizar para forrar un molde de flan (molde) de 20 cm / 8 engrasado y forrado. Cubrir con papel a prueba de grasa (encerado) y llenar con frijoles para hornear y hornear a ciegas en un horno precalentado a 200 ° C / 400 ° F / marca de gas 6 durante 15 minutos. Retire el papel y los frijoles.

Para hacer el relleno, bata la yema de huevo y el azúcar. Agregue las almendras y el licor y vierta la mezcla en la caja de pastelería (cáscara de pastel). Pele, descorazone y parta las peras por la mitad, luego colóquelas con el lado plano hacia abajo sobre el relleno.

Para hacer las natillas, bata los huevos y el azúcar hasta que estén pálidos y esponjosos. Incorpora la crema. Cubrir las peras con las natillas y hornear en un horno precalentado a 180 ° C / 350 ° F / marca de gas 4 durante unos 15 minutos hasta que las natillas estén listas.

# Tarta Real de Pasas

Hace una tarta de 20 cm / 8 pulgadas

## Para la masa (pasta):

100 g / 4 oz / ½ taza de mantequilla o margarina

225 g / 8 oz / 2 tazas de harina común (para todo uso)

Una pizca de sal

45 ml / 3 cucharadas de agua fría

## Para el llenado:

50 g / 2 oz / ½ taza de migas de pastel

175 g / 6 oz / 1 taza de pasas

1 yema de huevo

5 ml / 1 cucharadita de cáscara de limón rallada

## Para el aderezo:

225 g / 8 oz / 11/3 tazas de azúcar glas (de repostería), tamizada

1 clara de huevo

5 ml / 1 cucharadita de jugo de limón

## Para terminar:

45 ml / 3 cucharadas de gelatina de grosella roja (conservas transparentes)

Para hacer la masa, frote la mantequilla o margarina en la harina y la sal hasta que la mezcla se parezca a pan rallado. Mezcle suficiente agua fría para hacer una masa. Envuelva en film transparente (film transparente) y enfríe durante 30 minutos.

Extienda la masa y úsela para forrar un molde para pastel cuadrado de 20 cm / 8 pulgadas. Mezcle los ingredientes del relleno y vierta una cuchara sobre la base, nivelando la parte superior. Batir los ingredientes de la cobertura y esparcirlos sobre el pastel. Batir la gelatina de grosella roja hasta que quede suave, luego colocar un diseño de enrejado sobre la parte superior del pastel. Hornee en un horno precalentado a 190 ° C / 375 ° F /

marca de gas 5 durante 30 minutos, luego reduzca la temperatura del horno a 180 ° C / 350 ° F / marca de gas 4 y hornee por 10 minutos más.

# Tarta De Pasas Y Crema Agria

Hace una tarta de 23 cm / 9 pulgadas

225 g / 8 oz de masa quebrada

30 ml / 2 cucharadas de harina común (para todo uso)

2 huevos, ligeramente batidos

60 ml / 4 cucharadas de azúcar en polvo (superfina)

250 ml / 8 fl oz / 1 taza de crema agria (agria láctea)

225 g / 8 oz / 11/3 tazas de pasas

60 ml / 4 cucharadas de ron o brandy

Unas gotas de esencia de vainilla (extracto)

Extienda la masa (pasta) a 5 mm / ¼ de espesor sobre una superficie ligeramente enharinada. Mezcle la harina, los huevos, el azúcar y la crema, luego agregue las pasas, el ron o el brandy y la esencia de vainilla. Vierta la mezcla en la caja de repostería y hornee en un horno precalentado a 200 ° C / 400 ° F / marca de gas 6 durante 20 minutos. Reduzca la temperatura del horno a 180 ° C / 350 ° F / marca de gas 4 y hornee por 5 minutos más hasta que esté listo.

# *Tarta de Fresas*

Hace una tarta de 20 cm / 8 pulgadas

1 cantidad de Pâte Sucrée

## Para el llenado:

5 yemas de huevo

175 g / 6 oz / ¾ taza de azúcar en polvo (superfina)

75 g / 3 oz / ¾ taza de harina de maíz (maicena)

1 vaina de vainilla (frijol)

450 ml / ¾ pt / 2 tazas de leche

15 g / ½ oz / 1 cucharada de mantequilla o margarina

550 g / 1¼ lb de fresas, cortadas por la mitad

## Para el glaseado:

75 ml / 5 cucharadas de gelatina de grosella roja (conservas transparentes)

30 ml / 2 cucharadas de agua

Un chorrito de jugo de limón.

Extienda la masa (pasta) y úsela para forrar un molde para flan (molde) de 20 cm / 8 pulgadas. Cubrir con papel encerado (encerado) y rellenar con frijoles para hornear y hornear en un horno precalentado a 190 ° C / 375 ° F / marca de gas 5 durante 12 minutos. Retirar del horno, quitar el papel y los frijoles y dejar enfriar.

Para hacer el relleno, bata las yemas de huevo y el azúcar hasta que la mezcla esté pálida y esponjosa y se desprenda del batidor en tiras. Incorpora la maicena. Coloque la vaina de vainilla en la leche y deje hervir. Retire la vaina de vainilla. Incorpora poco a poco la mezcla de huevo. Vierta la mezcla en una sartén limpia y deje hervir, revolviendo continuamente, luego cocine, aún revoluviendo, durante 3 minutos. Retire del fuego y agregue la mantequilla o margarina hasta que se derrita. Cubrir con papel engrasado con mantequilla (encerado) y dejar enfriar.

Vierta la crema pastelera en la caja de repostería y coloque las fresas de manera atractiva en la parte superior. Para hacer el glaseado, derrita la gelatina, el agua y el jugo de limón hasta que se mezclen. Cepille la fruta mientras el glaseado esté caliente, luego déjela reposar. Sirve el mismo día.

# *Tarta de melaza*

Hace una tarta de 20 cm / 8 pulgadas

75 g / 3 oz / 1/3 taza de mantequilla o margarina

175 g / 6 oz / 1½ tazas de harina común (para todo uso)

15 ml / 1 cucharada de azúcar en polvo (superfina)

1 yema de huevo

30 ml / 2 cucharadas de agua

225 g / 8 oz / 2/3 taza de jarabe dorado (maíz ligero)

50 g / 2 oz / 1 taza de pan rallado fresco

5 ml / 1 cucharadita de jugo de limón

Frote la mantequilla o la margarina en la harina hasta que la mezcla se parezca a pan rallado. Agregue el azúcar, luego agregue la yema de huevo y el agua y mezcle hasta obtener una masa (pasta). Envuelva en film transparente (film transparente) y enfríe durante 30 minutos.

Extienda la masa y úsela para forrar un molde para flan (molde) de 20 cm / 8 pulgadas. Calentar el almíbar, luego mezclarlo con el pan rallado y el jugo de limón. Vierta el relleno en la caja de pastelería y hornee en un horno precalentado a 180 ° C / 350 ° F / marca de gas 4 durante 35 minutos hasta que burbujee.

# Tarta de nueces y melaza

Hace una tarta de 20 cm / 8 pulgadas

225 g / 8 oz de masa quebrada

100 g / 4 oz / ½ taza de mantequilla o margarina, ablandada

50 g / 2 oz / ¼ taza de azúcar morena suave

2 huevos batidos

175 g / 6 oz / ½ taza de almíbar dorado (maíz ligero), caliente

100 g / 4 oz / 1 taza de nueces, finamente picadas

Corteza rallada de 1 limón

Jugo de ½ limón

Extienda la masa (pasta) y úsela para forrar un molde (molde) para pasteles engrasado de 20 cm / 8. Cubrir con papel a prueba de grasa (encerado) y rellenar con frijoles para hornear y hornear en un horno precalentado a 200 ° C / 400 ° F / marca de gas 6 durante 10 minutos. Retirar del horno y quitar el papel y los frijoles. Reduzca la temperatura del horno a 180 ° C / 350 ° F / marca de gas 4.

Batir la mantequilla o margarina y el azúcar hasta que estén pálidos y esponjosos. Poco a poco, agregue los huevos, luego agregue el almíbar, las nueces, la cáscara de limón y el jugo. Vierta con una cuchara en la caja de pastelería (base de pastel) y hornee en el horno durante 45 minutos hasta que esté dorado y crujiente.

# Pastel Amish Shoo-fly

Hace una tarta de 23 x 30 cm

225 g / 8 oz / 1 taza de mantequilla o margarina, ablandada

225 g / 8 oz / 2 tazas de harina común (para todo uso)

225 g / 8 oz / 2 tazas de harina integral (integral)

450 g / 1 lb / 2 tazas de azúcar morena suave

350 g / 12 oz / 1 taza de melaza negra (melaza)

10 ml / 2 cucharaditas de bicarbonato de sodio (bicarbonato de sodio)

450 ml / ¾ pt / 2 tazas de agua hirviendo

Frote la mantequilla o la margarina en las harinas hasta que la mezcla se asemeje al pan rallado. Agrega el azúcar. Reserve 100 g / 4 oz / 1 taza de la mezcla para la cobertura. Mezcle la melaza, el bicarbonato de sodio y el agua y revuelva con la mezcla de harina hasta que se hayan absorbido los ingredientes secos. Vierta en un molde para pasteles (molde) engrasado y enharinado de 23 x 30 cm / 9 x 12 y espolvoree con la mezcla reservada. Hornea en horno precalentado a 180 ° C / 350 ° F / marca de gas 4 durante 35 minutos hasta que al insertar una brocheta en el centro salga limpia. Sirva caliente.

# Rebanada de natillas de Boston

Hace un pastel de 23 cm / 9 pulgadas

100 g / 4 oz / ½ taza de mantequilla o margarina, ablandada

225 g / 8 oz / 1 taza de azúcar en polvo (superfina)

2 huevos, ligeramente batidos

2,5 ml / ½ cucharadita de esencia de vainilla (extracto)

175 g / 6 oz / 1½ tazas de harina con levadura

5 ml / 1 cucharadita de levadura en polvo

Una pizca de sal

60 ml / 4 cucharadas de leche

relleno de crema pastelera

Batir la mantequilla o margarina y el azúcar hasta que esté suave y esponjoso. Agrega poco a poco los huevos y la esencia de vainilla, batiendo bien después de cada adición. Mezcle la harina, el polvo de hornear y la sal y agregue a la mezcla alternativamente con la leche. Vierta en un molde (molde) para pasteles engrasado y enharinado y hornee en un horno precalentado a 180 ° C / 350 ° F / marca de gas 4 durante 30 minutos hasta que esté firme al tacto. Cuando esté frío, cortar el bizcocho horizontalmente y emparejar las dos mitades junto con el relleno de natillas.

# Pastel de montaña blanca americana

Hace un pastel de 23 cm / 9 pulgadas

225 g / 8 oz / 1 taza de mantequilla o margarina, ablandada

450 g / 1 lb / 2 tazas de azúcar en polvo (superfina)

3 huevos, ligeramente batidos

350 g / 12 oz / 3 tazas de harina con levadura

15 ml / 1 cucharada de levadura en polvo

1,5 ml / ¼ cucharadita de sal

250 ml / 8 fl oz / 1 taza de leche

5 ml / 1 cucharadita de esencia de vainilla (extracto)

5 ml / 1 cucharadita de esencia de almendra (extracto)

## Para el relleno de limón:

45 ml / 3 cucharadas de harina de maíz (maicena)

75 g / 3 oz / 1/3 taza de azúcar en polvo (superfina)

1,5 ml / ¼ cucharadita de sal

300 ml / ½ pt / 1¼ tazas de leche

25 g / 1 oz / 2 cucharadas de mantequilla o margarina

90 ml / 6 cucharadas de jugo de limón

5 ml / 1 cucharadita de cáscara de limón rallada

## Para el glaseado:

350 g / 12 oz / 1½ tazas de azúcar en polvo (superfina)

Una pizca de sal

2 claras de huevo

75 ml / 5 cucharadas de agua fría

15 ml / 1 cucharada de jarabe dorado (maíz ligero)

5 ml / 1 cucharadita de esencia de vainilla (extracto)

175 g / 6 oz / 1½ tazas de coco desecado (rallado)

Batir la mantequilla o margarina y el azúcar hasta que esté suave y esponjoso. Incorpora los huevos poco a poco. Mezcle la harina, el polvo de hornear y la sal, luego agregue a la mezcla de crema alternativamente con la leche y las esencias. Colocar la mezcla en tres moldes (bandejas) para pasteles engrasados y forrados de 23 cm / 9 en y hornear en un horno precalentado a 180 ° C / 350 ° F / marca de gas 4 durante 30 minutos hasta que un pincho insertado en el centro salga limpio. Dejar enfriar.

Para hacer el relleno, mezcle la harina de maíz, el azúcar y la sal, luego agregue la leche hasta que se mezcle. Agrega la mantequilla o la margarina en trozos y bate a fuego lento durante unos 2 minutos hasta que espese. Agregue el jugo de limón y la cáscara. Dejar enfriar y enfriar.

Para hacer el glaseado, mezcle todos los ingredientes, excepto la esencia de vainilla y el coco, en un recipiente resistente al calor colocado sobre una olla con agua hirviendo a fuego lento. Batir durante unos 5 minutos hasta que esté rígido. Incorpora la esencia de vainilla y bate durante 2 minutos más.

Para montar el bizcocho, esparce la capa base con la mitad del relleno de limón y espolvorea con 25 g / 1 oz / ¼ taza de coco. Repite con la segunda capa. Extienda el glaseado sobre la parte superior y los lados del pastel y espolvoree con el coco restante.

# Pastel de suero de leche americano

Hace un pastel de 23 cm / 9 pulgadas

100 g / 4 oz / ½ taza de mantequilla o margarina, ablandada

225 g / 8 oz / 1 taza de azúcar en polvo (superfina)

2 huevos, ligeramente batidos

5 ml / 1 cucharadita de cáscara de limón rallada

5 ml / 1 cucharadita de esencia de vainilla (extracto)

225 g / 8 oz / 2 tazas de harina con levadura (levadura)

5 ml / 1 cucharadita de levadura en polvo

5 ml / 1 cucharadita de bicarbonato de sodio (bicarbonato de sodio)

Una pizca de sal

250 ml / 8 fl oz / 1 taza de suero de leche

Relleno de limón

Batir la mantequilla o margarina y el azúcar hasta que esté suave y esponjoso. Poco a poco, bata los huevos, luego agregue la cáscara de limón y la esencia de vainilla. Mezcle la harina, el polvo de hornear, el bicarbonato de sodio y la sal y agregue a la mezcla alternativamente con el suero de leche. Batir bien hasta que quede suave. Vierta la mezcla en dos moldes (moldes) para pasteles engrasados y enharinados y hornee en un horno precalentado a 180 ° C / 350 ° F / marca de gas 4 durante 25 minutos hasta que esté firme al tacto. Dejar enfriar en las latas durante 5 minutos antes de pasar a una rejilla para terminar de enfriar. Cuando esté frío, sándwich junto con el relleno de limón.

# Pastel caribeño de jengibre y ron

Hace una torta de 20 cm / 8 pulgadas

50 g / 2 oz / ¼ taza de mantequilla o margarina

120 ml / 4 fl oz / ½ taza de melaza negra

1 huevo, ligeramente batido

60 ml / 4 cucharadas de ron

100 g / 4 oz / 1 taza de harina con levadura

10 ml / 2 cucharaditas de jengibre molido

75 g / 3 oz / 1/3 taza de azúcar morena suave

25 g / 1 oz de jengibre cristalizado (confitado), picado

Derretir la mantequilla o margarina con la melaza a fuego lento, luego dejar enfriar un poco. Agregue los ingredientes restantes para hacer una masa suave. Vierta en un molde de aro (molde) de 20 cm / 8 pulgadas engrasado y forrado y hornee en horno precalentado a 200 ° C / 400 ° F / marca de gas 6 durante 20 minutos hasta que esté bien levantado y firme al tacto.

# *Sachertorte*

Hace una torta de 20 cm / 8 pulgadas

200 g / 7 oz / 1¾ tazas de chocolate natural (semidulce)

8 huevos, separados

100 g / 4 oz / ½ taza de mantequilla sin sal (dulce), derretida

2 claras de huevo

Una pizca de sal

150 g / 5 oz / 2/3 taza de azúcar en polvo (superfina)

Unas gotas de esencia de vainilla (extracto)

100 g / 4 oz / 1 taza de harina común (para todo uso)

### Para la formación de hielo (glaseado):

150 g / 5 oz / 1¼ tazas de chocolate natural (semidulce)

250 ml / 8 fl oz / 1 taza de crema simple (ligera)

175 g / 6 oz / ¾ taza de azúcar en polvo (superfina)

Unas gotas de esencia de vainilla (extracto)

1 huevo batido

100 g / 4 oz / 1/3 taza de mermelada de albaricoque (conserva), tamizada (colada)

Derrita el chocolate en un recipiente resistente al calor colocado sobre una cacerola con agua hirviendo a fuego lento. Retirar del fuego. Batir ligeramente las yemas de huevo con la mantequilla, luego incorporar el chocolate derretido. Batir todas las claras de huevo y la sal hasta que estén firmes, luego agregar gradualmente el azúcar y la esencia de vainilla y continuar batiendo hasta que la mezcla se forme en picos rígidos. Incorpore gradualmente a la mezcla de chocolate y luego añada la harina. Colocar la mezcla en dos moldes (bandejas) para pasteles engrasados y forrados de 20 cm / 8 en y hornear en un horno precalentado a 180 ° C / 350 ° F /

marca de gas 4 durante 45 minutos hasta que una brocheta insertada en el centro salga limpia. Colocar sobre una rejilla y dejar enfriar.

Para hacer el glaseado, derrita el chocolate con la crema, el azúcar y la esencia de vainilla a fuego medio hasta que esté bien mezclado, luego cocine a fuego lento durante 5 minutos sin revolver. Mezcle unas cucharadas de la mezcla de chocolate con el huevo, luego agregue el chocolate y cocine por 1 minuto, revolviendo. Retirar del fuego y dejar enfriar a temperatura ambiente.

Empareda los bizcochos junto con la mermelada de albaricoque. Cubre todo el bizcocho con el glaseado de chocolate, alisando la superficie con una espátula o espátula. Deje enfriar, luego enfríe durante varias horas hasta que la formación de hielo se endurezca.

# *Pastel de frutas con ron caribeño*

Hace una torta de 20 cm / 8 pulgadas

450 g / 1 lb / 22/3 tazas de frutas secas (mezcla para pastel de frutas)

225 g / 8 oz / 11/3 tazas de pasas sultanas (pasas doradas)

100 g / 4 oz / 2/3 taza de pasas

100 g / 4 oz / 2/3 taza de grosellas

50 g / 2 oz / ¼ taza de cerezas glaseadas (confitadas)

300 ml / ½ pt / 1¼ tazas de vino tinto

225 g / 8 oz / 1 taza de mantequilla o margarina, ablandada

225 g / 8 oz / 1 taza de azúcar morena suave

5 huevos, ligeramente batidos

10 ml / 2 cucharaditas de melaza negra (melaza)

225 g / 8 oz / 2 tazas de harina común (para todo uso)

50 g / 2 oz / ½ taza de almendras molidas

5 ml / 1 cucharadita de canela molida

5 ml / 1 cucharadita de nuez moscada rallada

5 ml / 1 cucharadita de esencia de vainilla (extracto)

300 ml / ½ pt / 1¼ tazas de ron

Coloca toda la fruta y el vino en una cacerola y lleva a ebullición. Reducir el fuego al mínimo, tapar y dejar reposar 15 minutos, luego retirar del fuego y dejar enfriar. Batir la mantequilla o la margarina y el azúcar hasta que estén suaves y esponjosos, luego mezcle gradualmente los huevos y la melaza. Incorpora los ingredientes secos. Agrega la mezcla de frutas, la esencia de vainilla y 45 ml / 3 cucharadas de ron. Colocar en un molde

(molde) para pasteles engrasado y forrado de 20 cm / 8 in y hornear en un horno precalentado a 160 ° C / 325 ° F / marca de gas 3 durante 3 horas hasta que esté bien subido y un pincho insertado en el centro salga limpio. . Deje enfriar en la lata durante 10 minutos, luego colóquelo en una rejilla para terminar de enfriar. Perfore la parte superior del pastel con una brocheta fina y vierta el ron restante con una cuchara. Envolver en papel aluminio y dejar madurar el mayor tiempo posible.

# Pastel de mantequilla danesa

Hace un pastel de 23 cm / 9 pulgadas

225 g / 8 oz / 1 taza de mantequilla o margarina, cortada en cubitos

175 g / 6 oz / 1½ tazas de harina común (para todo uso)

40 g / 1½ oz de levadura fresca o 60 ml / 4 cucharadas de levadura seca

15 ml / 1 cucharada de azúcar granulada

1 huevo batido

½ cantidad de relleno de natillas danesas

60 ml / 4 cucharadas de azúcar glas (de repostería), tamizada

45 ml / 3 cucharadas de grosellas

Frote 100 g / 4 oz / ½ taza de mantequilla o margarina en la harina. Batir la levadura y el azúcar granulada, luego agregarlo a la harina y la mantequilla con el huevo y mezclar hasta obtener una masa suave. Cubra y deje en un lugar cálido durante aproximadamente 1 hora hasta que duplique su tamaño.

Colocar sobre una superficie enharinada y amasar bien. Estirar un tercio de la masa y usar para forrar la base de un molde (molde) para pasteles de fondo suelto engrasado de 23 cm / 9. Extienda el relleno de natillas sobre la masa.

Extienda la masa restante hasta formar un rectángulo de unos 5 mm / ¼ de pulgada de grosor. Batir la mantequilla o margarina restante y el azúcar glas, luego mezclar con las grosellas. Extienda sobre la masa, dejando un espacio alrededor de los bordes, luego enrolle la masa desde el lado más corto. Cortar en rodajas y colocar encima del relleno de natillas. Tape y deje reposar en un lugar cálido durante aproximadamente 1 hora. Hornee en un horno precalentado a 230 ° C / 450 ° F / marca de gas 8 durante 25 a 30 minutos hasta que esté bien levantado y dorado en la parte superior.

# *Pastel danés de cardamomo*

Rinde un bizcocho de 900 g / 2 lb

225 g / 8 oz / 1 taza de mantequilla o margarina, ablandada

225 g / 8 oz / 1 taza de azúcar en polvo (superfina)

3 huevos

350 g / 12 oz / 3 tazas de harina común (para todo uso)

10 ml / 2 cucharaditas de polvo de hornear

10 semillas de cardamomo, molidas

150 ml / ¼ pt / 2/3 taza de leche

45 ml / 3 cucharadas de pasas

45 ml / 3 cucharadas de cáscara mezclada (confitada) picada

Batir la mantequilla o margarina y el azúcar hasta que esté suave y esponjoso. Agrega los huevos, poco a poco, batiendo bien después de cada adición. Incorporar la harina, la levadura en polvo y el cardamomo. Agregue gradualmente la leche, las pasas y la cáscara mixta. Vierta en un molde (molde) para pan engrasado y forrado de 900 g / 2 lb y hornee en un horno precalentado a 190 ° C / 375 ° F / marca de gas 5 durante 50 minutos hasta que una brocheta insertada en el centro salga limpia.

# *Gâteau Pithiviers*

Hace una torta de 25 cm / 10 pulgadas

100 g / 4 oz / ½ taza de mantequilla o margarina, ablandada

100 g / 4 oz / ½ taza de azúcar en polvo (superfina)

1 huevo

1 yema de huevo

100 g / 4 oz / 1 taza de almendras molidas

30 ml / 2 cucharadas de ron

400 g / 14 oz de hojaldre

Para el glaseado:

1 huevo batido

30 ml / 2 cucharadas de azúcar glas (de repostería)

Batir la mantequilla o margarina y el azúcar hasta que esté suave y esponjoso. Batir el huevo y la yema de huevo, luego batir las almendras y el ron. Extender la mitad de la masa (pasta) sobre una superficie ligeramente enharinada y cortar en un círculo de 23 cm. Coloque en una bandeja para hornear (para galletas) humedecida y extienda el relleno sobre la masa hasta 1 cm / ½ pulgada del borde. Estirar el resto de la masa y cortar en un círculo de 25 cm. Corta un anillo de 1 cm / ½ pulgada del borde de este círculo. Cepille el borde de la base de la masa con agua y presione el anillo alrededor del borde, empujándolo suavemente para que encaje. Cepille con agua y presione el segundo círculo sobre la parte superior, sellando los bordes. Selle y acanale los bordes. Cepille la parte superior con huevo batido, luego marque un patrón de cortes radiales en la parte superior con la hoja de un cuchillo. Hornee en un horno precalentado a 220 ° C / 425 ° F / marca de gas 7 durante 30 minutos hasta que se eleve y se dore. Tamizar el azúcar glas por encima y volver al horno durante 5 minutos más hasta que brille. Sirva tibio o frío.

# *Torta de reyes*

Hace un pastel de 18 cm / 7 pulgadas

250 g / 9 oz / 2¼ tazas de harina común (para todo uso)

5 ml / 1 cucharadita de sal

200 g / 7 oz / escasa 1 taza de mantequilla sin sal (dulce), cortada en cubitos

175 ml / 6 fl oz / ¾ taza de agua

1 huevo

1 clara de huevo

Coloque la harina y la sal en un bol y haga un hueco en el centro. Agregue 75 g / 3 oz / 1/3 taza de mantequilla, el agua y el huevo entero y mezcle hasta obtener una masa suave. Tapar y dejar reposar 30 minutos.

Extienda la masa en un rectángulo largo sobre una superficie ligeramente enharinada. Salpique dos tercios de la masa con un tercio de la mantequilla restante. Doble la masa sin tapar sobre la mantequilla y luego doble la masa restante por encima. Selle los bordes y enfríe durante 10 minutos. Estirar la masa nuevamente y repetir con la mitad de la mantequilla restante. Enfríe, extienda y agregue la mantequilla restante, luego enfríe durante los últimos 10 minutos.

Estire la masa en un círculo de 2,5 cm / 1 de grosor de unos 18 cm / 7 pulgadas de diámetro. Colocar en una bandeja para hornear engrasada (para galletas), untar con clara de huevo y dejar reposar durante 15 minutos. Hornee en un horno precalentado a 180 ° C / 350 ° F / marca de gas 4 durante 15 minutos hasta que esté bien levantado y dorado.

# Crema de caramelo

Hace una torta de 15 cm / 6 pulgadas

Para el caramelo:

100 g / 4 oz / ½ taza de azúcar en polvo (superfina)

150 ml / ¼ pt / 2/3 taza de agua

Para las natillas:

600 ml / 1 pt / 2½ tazas de leche

4 huevos, ligeramente batidos

15 ml / 1 cucharada de azúcar en polvo (superfina)

1 naranja

Para hacer el caramelo, coloque el azúcar y el agua en una cacerola pequeña y disuelva a fuego lento. Lleve a ebullición, luego hierva sin revolver durante unos 10 minutos hasta que el almíbar se vuelva dorado. Verter en una fuente soufflé de 15 cm / 6 pulgadas e inclinar la fuente para que el caramelo fluya por la base.

Para hacer las natillas, caliente la leche, luego viértala sobre los huevos y el azúcar y bata bien. Vierta en el plato. Coloque el plato en un molde para hornear (sartén) con agua caliente hasta la mitad de los lados del plato. Hornee en un horno precalentado a 170 ° C / 325 ° F / marca de gas 3 durante 1 hora hasta que cuaje. Dejar enfriar antes de poner en un plato para servir. Pele la naranja y córtela en rodajas horizontales, luego corte cada rodaja por la mitad. Coloca alrededor del caramelo para decorar.

# Gugelhopf

Hace una torta de 20 cm / 8 pulgadas

25 g / 1 oz de levadura fresca o 40 ml / 2½ cucharadas de levadura seca

120 ml / 4 fl oz / ½ taza de leche tibia

100 g / 4 oz / 2/3 taza de pasas

15 ml / 1 cucharada de ron

450 g / 1 lb / 4 tazas de harina común (para pan) fuerte

5 ml / 1 cucharadita de sal

Una pizca de nuez moscada rallada

100 g / 4 oz / ½ taza de azúcar en polvo (superfina)

Corteza rallada de 1 limón

175 g / 6 oz / ¾ taza de mantequilla o margarina, ablandada

3 huevos

100 g / 4 oz / 1 taza de almendras blanqueadas

Azúcar glas (repostería) para espolvorear

Licúa la levadura con un poco de leche tibia y déjala en un lugar tibio por 20 minutos hasta que esté espumosa. Colocar las pasas en un bol, espolvorear con el ron y dejar en remojo. Coloque la harina, la sal y la nuez moscada en un bol y agregue el azúcar y la cáscara de limón. Hacer un hueco en el centro, verter la mezcla de levadura, la leche restante, la mantequilla o margarina y los huevos y trabajar juntos para formar una masa. Coloque en un recipiente engrasado, cubra con film transparente aceitado (envoltura de plástico) y déjelo en un lugar cálido durante 1 hora hasta que duplique su tamaño. Unte generosamente un 20 cm / 8 en una lata de gugelhopf (molde de tubo estriado) y coloque las almendras alrededor de la base. Amasar las pasas y el ron en la masa leudada y mezclar bien. Vierta la mezcla en el molde, cubra y deje en un lugar cálido durante 40 minutos hasta que la masa haya casi duplicado su volumen y llegue a la parte superior del molde. Hornea en horno precalentado a 200 ° C / 400 ° F / marca de gas 6 durante 45 minutos hasta que una brocheta insertada en el centro salga limpia. Cubra con una doble capa de papel a prueba de grasa (encerado) hacia el final de la cocción si el pastel se está dorando demasiado. Apagar y dejar enfriar, luego espolvorear con azúcar glas.

# *Gugelhopf de chocolate de lujo*

Hace una torta de 20 cm / 8 pulgadas

25 g / 1 oz de levadura fresca o 40 ml / 2½ cucharadas de levadura seca

120 ml / 4 fl oz / ½ taza de leche tibia

50 g / 2 oz / 1/3 taza de pasas

50 g / 2 oz / 1/3 taza de grosellas

25 g / 1 oz / 3 cucharadas de cáscara mezclada (confitada) picada

15 ml / 1 cucharada de ron

450 g / 1 lb / 4 tazas de harina común (para pan) fuerte

5 ml / 1 cucharadita de sal

5 ml / 1 cucharadita de pimienta de Jamaica molida

Una pizca de jengibre molido

100 g / 4 oz / ½ taza de azúcar en polvo (superfina)

Corteza rallada de 1 limón

175 g / 6 oz / ¾ taza de mantequilla o margarina, ablandada

3 huevos

## Para el aderezo:

60 ml / 4 cucharadas de mermelada de albaricoque (conserva), tamizada (colada)

30 ml / 2 cucharadas de agua

100 g / 4 oz / 1 taza de chocolate natural (semidulce)

50 g / 2 oz / ½ taza de almendras en hojuelas (en rodajas), tostadas

Licúa la levadura con un poco de leche tibia y déjala en un lugar tibio por 20 minutos hasta que esté espumosa. Colocar las pasas, las grosellas y la piel mezclada en un bol, espolvorear con el ron y dejar en remojo. Coloque la harina, la sal y las especias en un bol y agregue el azúcar y la cáscara de limón. Hacer un hueco en el centro, verter la mezcla de levadura, la leche restante y los huevos y trabajar juntos para formar una masa. Coloque en un recipiente engrasado, cubra con film transparente aceitado (envoltura de plástico) y déjelo en un lugar cálido durante 1 hora hasta que duplique su tamaño. Amasar la fruta y el ron en la masa leudada y mezclar bien. Vierta la mezcla en una lata de gugelhopf de 20 cm / 8 en mantequilla bien untada (molde de tubo estriado), cubra y deje en un lugar cálido durante 40 minutos hasta que la masa haya casi duplicado su volumen y llegue a la parte superior de la lata. Hornea en horno precalentado a 200 ° C / 400 ° F / marca de gas 6 durante 45 minutos hasta que una brocheta insertada en el centro salga limpia. Cubra con una doble capa de papel a prueba de grasa (encerado) hacia el final de la cocción si el pastel se vuelve demasiado marrón. Apagar y dejar enfriar.

Calentar la mermelada con el agua, revolviendo hasta que esté bien mezclada. Cepille el pastel. Derrita el chocolate en un recipiente resistente al calor colocado sobre una cacerola con agua hirviendo a fuego lento. Extienda sobre el bizcocho y presione las almendras en copos alrededor de la base antes de que el chocolate cuaje.

# *Stollen*

Rinde tres pasteles de 350 g / 12 oz

15 g / ½ oz de levadura fresca o 20 ml / 4 cucharaditas de levadura seca

15 ml / 1 cucharada de azúcar en polvo (superfina)

120 ml / 4 fl oz / ½ taza de agua tibia

25 g / 1 oz / ¼ taza de harina común (para pan) fuerte

## Para la masa de frutas:

450 g / 1 lb / 4 tazas de harina común (para pan) fuerte

5 ml / 1 cucharadita de sal

75 g / 3 oz / 1/3 taza de azúcar demerara

1 huevo, ligeramente batido

225 g / 8 oz / 11/3 tazas de pasas

30 ml / 2 cucharadas de ron

50 g / 2 oz / 1/3 taza de cáscara mezclada (confitada) picada

50 g / 2 oz / ½ taza de almendras molidas

5 ml / 1 cucharadita de canela molida

100 g / 4 oz / ½ taza de mantequilla o margarina, derretida

175 g / 6 oz de pasta de almendras

## Para el glaseado:

1 huevo, ligeramente batido

75 g / 3 oz / 1/3 taza de azúcar en polvo (superfina)

90 ml / 6 cucharadas de agua

50 g / 2 oz / ½ taza de almendras en hojuelas (en rodajas)

Azúcar glas (repostería) para espolvorear

Para hacer la mezcla de levadura, mezcle la levadura y el azúcar hasta obtener una pasta con el agua tibia y la harina. Dejar en un lugar cálido durante 20 minutos hasta que esté espumoso.

Para hacer la masa de frutas, coloque la harina y la sal en un bol, agregue el azúcar y haga un hueco en el centro. Agregue el huevo con la mezcla de levadura y mezcle hasta obtener una masa suave. Agregue las pasas, el ron, la cáscara mixta, las almendras molidas y la canela y amase hasta que esté bien mezclado y suave. Coloque en un recipiente engrasado, cubra con film transparente engrasado (envoltura de plástico) y déjelo en un lugar cálido durante 30 minutos.

Divida la masa en tercios y extiéndala en rectángulos de aproximadamente 1 cm / ½ de espesor. Cepille la mantequilla por encima. Divida la pasta de almendras en tercios y enrolle en forma de salchicha. Coloque uno en el centro de cada rectángulo y doble la masa por encima. Dé la vuelta con la costura hacia abajo y colóquelo en una bandeja para hornear engrasada (para galletas). Cepille con huevo, cubra con film transparente aceitado (film transparente) y déjelo en un lugar cálido durante 40 minutos hasta que duplique su tamaño.

Hornee en un horno precalentado a 220 ° C / 425 ° F / marca de gas 7 durante 30 minutos hasta que se doren.

Mientras tanto, hierve el azúcar con el agua durante 3 minutos hasta obtener un almíbar espeso. Cepille la parte superior de cada stollen con el almíbar y espolvoree con almendras en copos y azúcar glas.

# Stollen de almendras

Rinde dos panes de 450 g / 1 lb

15 g / ½ oz de levadura fresca o 20 ml / 4 cucharaditas de levadura seca

50 g / 2 oz / ¼ taza de azúcar en polvo (superfina)

300 ml / ½ pt / 1¼ tazas de leche tibia

1 huevo

Corteza rallada de 1 limón

Una pizca de nuez moscada rallada

450 g / 1 lb / 4 tazas de harina común (para todo uso)

Una pizca de sal

100 g / 4 oz / 2/3 taza de cáscara mezclada (confitada) picada

175 g / 6 oz / 1½ tazas de almendras picadas

50 g / 2 oz / ¼ taza de mantequilla o margarina, derretida

75 g / 3 oz / ½ taza de azúcar glas (de repostería), tamizada, para espolvorear

Licuar la levadura con 5 ml / 1 cucharadita de azúcar y un poco de leche tibia y dejar en un lugar tibio durante 20 minutos hasta que esté espumoso. Batir el huevo con el azúcar restante, la cáscara de limón y la nuez moscada, luego batir con la mezcla de levadura con la harina, la sal y la leche tibia restante y mezclar hasta obtener una masa suave. Coloque en un recipiente engrasado, cubra con film transparente engrasado (envoltura de plástico) y déjelo en un lugar cálido durante 30 minutos.

Amasar la cáscara mezclada y las almendras, tapar de nuevo y dejar en un lugar cálido durante 30 minutos hasta que duplique su tamaño.

Divide la masa en mitades. Enrolle la mitad en forma de salchicha de 30 cm / 12. Presione el rodillo en el centro para hacer un baño, luego doble un lado a lo largo y presione suavemente. Repite con la otra mitad. Coloque ambos en una bandeja para hornear (para galletas) engrasada y forrada, cubra con film transparente aceitado (envoltura de plástico) y déjelo en un lugar cálido durante 25 minutos hasta que duplique su tamaño. Hornea en horno precalentado a 200 ° C / 400 ° F / marca de gas 6 durante 1 hora hasta que esté dorado y un pincho insertado en el centro salga limpio. Unte generosamente los panes calientes con la mantequilla derretida y espolvoree con el azúcar glas.

# *Stollen de pistacho*

Rinde dos panes de 450 g / 1 lb

15 g / ½ oz de levadura fresca o 20 ml / 4 cucharaditas de levadura seca

50 g / 2 oz / ¼ taza de azúcar en polvo (superfina)

300 ml / ½ pt / 1¼ tazas de leche tibia

1 huevo

Corteza rallada de 1 limón

Una pizca de nuez moscada rallada

450 g / 1 lb / 4 tazas de harina común (para todo uso)

Una pizca de sal

100 g / 4 oz / 2/3 taza de cáscara mezclada (confitada) picada

100 g / 4 oz / 1 taza de pistachos, picados

100 g / 4 oz de pasta de almendras

15 ml / 1 cucharada de licor de marrasquino

50 g / 2 oz / 1/3 taza de azúcar glas (de repostería), tamizada

### Para el aderezo:

50 g / 2 oz / ¼ taza de mantequilla o margarina, derretida

75 g / 3 oz / ½ taza de azúcar glas (de repostería), tamizada, para espolvorear

Licuar la levadura con 5 ml / 1 cucharadita de azúcar y un poco de leche tibia y dejar en un lugar tibio durante 20 minutos hasta que esté espumoso. Batir el huevo con el azúcar restante, la cáscara de limón y la nuez moscada, luego batir con la mezcla de levadura con la harina, la sal y la leche tibia restante y mezclar hasta obtener una masa suave. Coloque en un recipiente engrasado, cubra con film transparente engrasado (envoltura de plástico) y déjelo en un lugar cálido durante 30 minutos.

Amasar la cáscara mixta y los pistachos, tapar de nuevo y dejar en un lugar cálido durante 30 minutos hasta que duplique su tamaño. Trabajar la pasta de almendras, el licor y el azúcar glas hasta obtener una pasta, extender a 1 cm / ½ pulgada de espesor y cortar en cubos. Trabaja en la masa para que los cubos permanezcan enteros.

Divide la masa en mitades. Enrolle la mitad en forma de salchicha de 30 cm / 12. Presione el rodillo en el centro para hacer un baño, luego doble un lado a lo largo y presione suavemente. Repite con la segunda mitad. Coloque ambos en una bandeja para hornear (para galletas) engrasada y forrada, cubra con film transparente aceitado (envoltura de plástico) y déjelo en un lugar cálido durante 25 minutos hasta que duplique su tamaño. Hornea en horno precalentado a 200 ° C / 400 ° F / marca de gas 6 durante 1 hora hasta que esté dorado y un pincho insertado en el centro salga limpio. Unte generosamente los panes calientes con la mantequilla derretida y espolvoree con el azúcar glas.

# *Baklava*

Rinde 24

450 g / 1 lb / 2 tazas de azúcar en polvo (superfina)

300 ml / ½ pt / 1¼ tazas de agua

5 ml / 1 cucharadita de jugo de limón

30 ml / 2 cucharadas de agua de rosas

350 g / 12 oz / 1½ tazas de mantequilla sin sal (dulce), derretida

450 g / 1 lb de masa filo (pasta)

675 g / 1½ lb / 6 tazas de almendras, finamente picadas

Para hacer el almíbar, disuelva el azúcar en el agua a fuego lento, revolviendo de vez en cuando. Agrega el jugo de limón y lleva a ebullición. Hervir durante 10 minutos hasta que esté almibarado, luego agregar el agua de rosas y dejar enfriar, luego enfriar.

Unte una fuente grande para asar con mantequilla derretida. Coloque la mitad de las hojas de filo en la lata, untando cada una con mantequilla. Dobla los bordes para mantener el relleno. Esparce las almendras por encima. Continúe colocando la masa restante en capas, untando cada hoja con mantequilla derretida. Cepille la parte superior generosamente con mantequilla. Cortar la masa en forma de pastilla de unos 5 cm de ancho. Hornee en un horno precalentado a 180 ° C / 350 ° F / marca de gas 4 durante 25 minutos hasta que esté crujiente y dorado. Vierta el almíbar frío por encima y déjelo enfriar.

# *Stressel húngaro gira*

Rinde 16

25 g / 1 oz de levadura fresca o 40 ml / 2½ cucharadas de levadura seca

15 ml / 1 cucharada de azúcar morena suave

300 ml / ½ pt / 1¼ tazas de agua tibia

15 ml / 1 cucharada de mantequilla o margarina

450 g / 1 lb / 4 tazas de harina integral (integral)

15 ml / 1 cucharada de leche en polvo (leche desnatada en polvo)

5 ml / 1 cucharadita de especias molidas mezcladas (tarta de manzana)

2,5 ml / ½ cucharadita de sal

1 huevo

175 g / 6 oz / 1 taza de grosellas

100 g / 4 oz / 2/3 taza de pasas sultanas (pasas doradas)

50 g / 2 oz / 1/3 taza de pasas

50 g / 2 oz / 1/3 taza de cáscara mezclada (confitada) picada

### Para el aderezo:

75 g / 3 oz / ¾ taza de harina integral (integral)

50 g / 2 oz / ¼ taza de mantequilla o margarina, derretida

75 g / 3 oz / 1/3 taza de azúcar morena suave

25 g / 1 oz / ¼ taza de semillas de sésamo

Para el llenado:

50 g / 2 oz / ¼ taza de azúcar morena suave

50 g / 2 oz / ¼ taza de mantequilla o margarina, ablandada

50 g / 2 oz / ½ taza de almendras molidas

2,5 ml / ½ cucharadita de nuez moscada rallada

25 g / 2 oz / 1/3 taza de ciruelas pasas deshuesadas (sin hueso), picadas

1 huevo batido

Mezclar la levadura y el azúcar con un poco de agua tibia y dejar en un lugar cálido durante 10 minutos hasta que esté espumoso. Frote la mantequilla o la margarina en la harina, luego agregue la leche en polvo, la mezcla de especias y sal y haga un hueco en el centro. Agregue el huevo, la mezcla de levadura y el agua tibia restante y mezcle hasta formar una masa. Amasar hasta que esté suave y elástica. Amasar las grosellas, las pasas, las pasas y la piel mixta. Coloque en un recipiente engrasado, cubra con film transparente aceitado (envoltura de plástico) y déjelo en un lugar cálido durante 1 hora.

Mezcle los ingredientes de la cobertura hasta que se desmorone. Para hacer el relleno, mezcle la mantequilla o margarina y el azúcar, luego mezcle las almendras y la nuez moscada. Estire la masa hasta formar un rectángulo grande de aproximadamente 1 cm / ½ pulgada de grosor. Untar con el relleno y espolvorear con las ciruelas pasas. Enrolle como un rollo suizo (gelatina), cepillando los bordes con huevo para sellarlos. Cortar en rodajas de 2,5 cm / 1 y colocar en un molde para hornear poco profundo engrasado. Cepille con huevo y espolvoree con la mezcla de cobertura. Tapar y dejar reposar en un lugar cálido durante 30 minutos. Hornee en horno precalentado a 220 ° C / 425 ° F / marca de gas 7 durante 30 minutos.

# *Panforte*

Hace un pastel de 23 cm / 9 pulgadas

175 g / 6 oz / ¾ taza de azúcar granulada

175 g / 6 oz / ½ taza de miel clara

100 g / 4 oz / 2/3 taza de higos secos, picados

100 g / 4 oz / 2/3 taza de cáscara mezclada (confitada) picada

50 g / 2 oz / ¼ taza de cerezas glaseadas (confitadas), picadas

50 g / 2 oz / ¼ taza de piña glaseada (confitada), picada

175 g / 6 oz / 1½ tazas de almendras blanqueadas, picadas en trozos grandes

100 g / 4 oz / 1 taza de nueces, picadas en trozos grandes

100 g / 4 oz / 1 taza de avellanas, picadas en trozos grandes

50 g / 2 oz / ½ taza de harina común (para todo uso)

25 g / 1 oz / ¼ taza de cacao en polvo (chocolate sin azúcar)

5 ml / 1 cucharadita de canela molida

Una pizca de nuez moscada rallada

15 ml / 1 cucharada de azúcar glas (de repostería), tamizada

Disuelva el azúcar granulada en la miel en una sartén a fuego lento. Llevar a ebullición y hervir durante 2 minutos hasta obtener un almíbar espeso. Mezcle la fruta y las nueces y agregue la harina, el cacao y las especias. Agrega el almíbar. Vierta la mezcla en un molde para sándwich (molde) engrasado de 23 cm / 9 pulgadas forrado con papel de arroz. Hornee en un horno precalentado a 180 ° C / 350 ° F / marca de gas 4 durante 45 minutos. Deje enfriar en la lata durante 15 minutos, luego colóquelo en una rejilla para enfriar. Espolvorea con azúcar glas antes de servir.

# *Pastel De Cinta De Pasta*

Hace un pastel de 23 cm / 9 pulgadas

300 g / 11 oz / 2¾ tazas de harina común (para todo uso)

50 g / 2 oz / ¼ taza de mantequilla o margarina, derretida

3 huevos batidos

Una pizca de sal

225 g / 8 oz / 2 tazas de almendras picadas

200 g / 7 oz / escasa 1 taza de azúcar en polvo (superfina)

Corteza rallada y jugo de 1 limón

90 ml / 6 cucharadas de kirsch

Coloca la harina en un bol y haz un hueco en el centro. Agregue la mantequilla, los huevos y la sal y mezcle hasta obtener una masa suave. Estirar finamente y cortar en tiras estrechas. Mezclar las almendras, el azúcar y la cáscara de limón. Engrasar un molde para pasteles (molde) de 23 cm y espolvorear con harina. Colocar una capa de las cintas de pasta en la base de la lata, espolvorear con un poco de la mezcla de almendras y rociar con un poco de kirsch. Continúe colocando capas, terminando con una capa de pasta. Cubra con papel a prueba de grasa (encerado) con mantequilla y hornee a 180 ° C / 350 ° F / marca de gas 4 durante 1 hora. Dar la vuelta con cuidado y servir tibio o frío.

# Pastel de Arroz Italiano con Grand Marnier

Hace una torta de 20 cm / 8 pulgadas

1,5 litros / 2½ pts / 6 tazas de leche

Una pizca de sal

350 g / 12 oz / 1½ tazas arborio u otro arroz de grano mediano

Corteza rallada de 1 limón

60 ml / 4 cucharadas de azúcar en polvo (superfina)

3 huevos

25 g / 1 oz / 2 cucharadas de mantequilla o margarina

1 yema de huevo

30 ml / 2 cucharadas de cáscara mezclada (confitada) picada

225 g / 8 oz / 2 tazas de almendras rebanadas (en copos), tostadas

45 ml / 3 cucharadas de Grand Marnier

30 ml / 2 cucharadas de pan rallado seco

Hierva la leche y la sal en una cacerola pesada, agregue el arroz y la cáscara de limón, tape y cocine a fuego lento durante 18 minutos, revolviendo ocasionalmente. Retirar del fuego y agregar el azúcar, los huevos y la mantequilla o margarina y dejar hasta que esté tibio. Batir la yema de huevo, la cáscara mixta, las nueces y el Grand Marnier. Engrasar un molde para bizcocho (molde) de 20 cm y espolvorear con el pan rallado. Coloca la mezcla en el molde y hornea en un horno precalentado a 150 ° C / 300 ° F / marca de gas 2 durante 45 minutos hasta que un pincho insertado en el centro salga limpio. Dejar enfriar en la lata, luego desmoldar y servir caliente.

# *Bizcocho siciliano*

Hace un pastel de 23 x 9 cm / 7 x 3½ en
450 g / 1 libra de pastel de Madeira

Para el llenado:
450 g / 1 lb / 2 tazas de queso ricotta

50 g / 2 oz / ¼ taza de azúcar en polvo (superfina)

30 ml / 2 cucharadas de crema doble (espesa)

30 ml / 2 cucharadas de cáscara mezclada (confitada) picada

15 ml / 1 cucharada de almendras picadas

30 ml / 2 cucharadas de licor con sabor a naranja

50 g / 2 oz / ½ taza de chocolate natural (semidulce), rallado

Para la formación de hielo (glaseado):
350 g / 12 oz / 3 tazas de chocolate natural (semidulce)

175 ml / 6 fl oz / ¾ taza de café negro fuerte

225 g / 8 oz / 1 taza de mantequilla o margarina sin sal (dulce)

Cortar el bizcocho a lo largo en 1 cm / ½ en rodajas. Para hacer el relleno, presione la ricota a través de un colador (colador), luego bata hasta que quede suave. Batir el azúcar, la nata, la cáscara mixta, las almendras, el licor y el chocolate. Coloque las capas de pastel y la mezcla de ricotta en un molde (molde) para pan de 450 g / 1 lb forrado con papel de aluminio, y termine con una capa de pastel. Doble el papel de aluminio por encima y enfríe durante 3 horas hasta que esté firme.

Para hacer el glaseado, derrita el chocolate y el café en un recipiente resistente al calor colocado sobre una olla con agua hirviendo a fuego lento. Batir la mantequilla o la margarina y seguir batiendo hasta que la mezcla esté suave. Dejar enfriar hasta que espese.

Retire el pastel del papel de aluminio y colóquelo en un plato para servir. Coloque o extienda el glaseado sobre la parte superior y los lados del pastel y marque los patrones con un tenedor, si lo desea. Enfríe hasta que esté firme.

# Pastel de ricotta italiano

Hace una torta de 25 cm / 10 pulgadas

Para la salsa:

225 g / 8 oz de frambuesas

250 ml / 8 fl oz / 1 taza de agua

50 g / 2 oz / ¼ taza de azúcar en polvo (superfina)

30 ml / 2 cucharadas de harina de maíz (maicena)

Para el llenado:

450 g / 1 lb / 2 tazas de queso ricotta

225 g / 8 oz / 1 taza de queso crema

75 g / 3 oz / 1/3 taza de azúcar en polvo (superfina)

5 ml / 1 cucharadita de esencia de vainilla (extracto)

Corteza rallada de 1 limón

Corteza rallada de 1 naranja

Un pastel de comida de ángel de 25 cm / 10 pulgadas

Para hacer la salsa, tritura los ingredientes hasta que quede suave, luego vierte en una cacerola pequeña y cocina a fuego medio, revolviendo, hasta que la salsa espese y empiece a hervir. Cuela y desecha las semillas, si lo prefieres. Cubra y enfríe.

Para hacer el relleno, bata todos los ingredientes hasta que estén bien mezclados.

Cortar el bizcocho horizontalmente en tres capas y hacer un sándwich con dos tercios del relleno, esparciendo el resto en la parte superior. Cubra y enfríe hasta que esté listo para servir con la salsa vertida por encima.

# *Pastel italiano de fideos*

Hace un pastel de 23 cm / 9 pulgadas

225 g / 8 oz de fideos

4 huevos, separados

200 g / 7 oz / escasa 1 taza de azúcar en polvo (superfina)

225 g / 8 oz de queso ricotta

2,5 ml / ½ cucharadita de canela molida

2,5 ml / ½ cucharadita de clavo molido

Una pizca de sal

50 g / 2 oz / ½ taza de harina común (para todo uso)

50 g / 2 oz / 1/3 taza de pasas

45 ml / 3 cucharadas de miel clara

Crema simple (ligera) o doble (espesa) para servir

Llevar a ebullición una cacerola grande con agua, agregar la pasta y dejar hervir durante 2 minutos. Escurra y enjuague con agua fría. Batir las yemas de huevo con el azúcar hasta que estén pálidas y esponjosas. Batir la ricota, la canela, el clavo y la sal, luego incorporar la harina. Agregue las pasas y la pasta. Batir las claras de huevo hasta que formen picos suaves, luego incorporar a la mezcla del bizcocho. Verter en un molde para bizcocho (molde) engrasado y forrado de 23 cm / 9 y hornear en horno precalentado a 200 ° C / 400 ° F / marca de gas 6 durante 1 hora hasta que esté dorado. Calentar la miel suavemente y verterla sobre el bizcocho tibio. Sirva caliente con crema.

# Pastel italiano de nueces y mascarpone

Hace un pastel de 23 cm / 9 pulgadas

450 g / 1 lb de hojaldre

175 g / 6 oz / ¾ taza de queso mascarpone

50 g / 2 oz / ¼ taza de azúcar en polvo (superfina)

30 ml / 2 cucharadas de mermelada de albaricoque (conservar)

3 yemas de huevo

50 g / 2 oz / ½ taza de nueces, picadas

100 g / 4 oz / 2/3 taza de cáscara mezclada (confitada) picada

Corteza finamente rallada de 1 limón

Azúcar en polvo (de repostería), tamizado, para espolvorear

Estirar la masa y utilizar la mitad para forrar un molde (molde) para flan (molde) engrasado de 23 cm. Batir el mascarpone con el azúcar, la mermelada y 2 yemas de huevo. Reserve 15 ml / 1 cucharada de nueces para decorar, luego doble el resto en la mezcla con la cáscara mixta y la cáscara de limón. Vierta con una cuchara en la caja de pastelería (molde para tarta). Cubra el relleno con la masa restante (pasta), luego humedezca y selle los bordes. Batir la yema de huevo restante y untar por encima. Hornee en un horno precalentado a 200 ° C / 400 ° F / marca de gas 6 durante 35 minutos hasta que se eleve y se dore. Espolvorear con las nueces reservadas y espolvorear con azúcar glas.

# Pastel de manzana holandés

Para 8 porciones

150 g / 5 oz / 2/3 taza de mantequilla o margarina

225 g / 8 oz / 2 tazas de harina común (para todo uso)

5 ml / 1 cucharadita de levadura en polvo

2 huevos, separados

10 ml / 2 cucharaditas de jugo de limón

900 g / 2 lb de manzanas para cocinar (agrias) sin pelar, sin corazón y en rodajas

175 g / 6 oz / 1 taza de albaricoques secos listos para comer, cortados en cuartos

100 g / 4 oz / 2/3 taza de pasas

30 ml / 2 cucharadas de agua

5 ml / 1 cucharadita de canela molida

50 g / 2 oz / ½ taza de almendras molidas

Frote la mantequilla o margarina en la harina y el polvo de hornear hasta que la mezcla se asemeje a pan rallado. Agregue las yemas de huevo y 5 ml / 1 cucharadita de jugo de limón y mezcle hasta obtener una masa suave. Estirar dos tercios de la masa (pasta) y utilizar para forrar un molde (molde) para pasteles de 23 cm / 9 engrasado.

Coloque las rodajas de manzana, los albaricoques y las pasas en una sartén con el jugo de limón restante y el agua. Cocine a fuego lento durante 5 minutos, luego escurra. Vierta la fruta en la caja de repostería. Mezcle la canela y las almendras molidas y espolvoree por encima. Estirar el resto de la masa y hacer una tapa para el pastel. Selle el borde con un poco de agua y unte la parte superior con clara de huevo. Hornee en un horno precalentado a 180 ° C /

350 ° F / marca de gas 4 durante unos 45 minutos hasta que esté firme y dorado.

# *Pastel normal noruego*

Hace una torta de 25 cm / 10 pulgadas

225 g / 8 oz / 1 taza de mantequilla o margarina, ablandada

275 g / 10 oz / 1¼ tazas de azúcar en polvo (superfina)

5 huevos

175 g / 6 oz / 1½ tazas de harina común (para todo uso)

7,5 ml / 1½ cucharadita de polvo de hornear

Una pizca de sal

5 ml / 1 cucharadita de esencia de almendra (extracto)

Batir la mantequilla o la margarina y el azúcar hasta que estén bien mezclados. Poco a poco agregue los huevos, batiendo bien después de cada adición. Batir la harina, el polvo de hornear, la sal y la esencia de almendras hasta que quede suave. Vierta con una cuchara en un molde (molde) para pasteles sin engrasar de 25 cm / 10 en y hornee en un horno precalentado a 160 ° C / 320 ° F / marca de gas 3 durante 1 hora hasta que esté firme al tacto. Dejar enfriar en la lata durante 10 minutos antes de pasar a una rejilla para terminar de enfriar.

# Kransekake noruego

Hace una torta de 25 cm / 10 pulgadas

450 g / 1 lb / 4 tazas de almendras molidas

100 g / 4 oz / 1 taza de almendras amargas molidas

450 g / 1 lb / 22/3 tazas de azúcar glas (confitería)

3 claras de huevo

### Para la formación de hielo (glaseado):

75 g / 3 oz / ½ taza de azúcar glas (repostería)

½ clara de huevo

2,5 ml / ½ cucharadita de jugo de limón

Mezclar las almendras y el azúcar glas en una sartén. Agregue una clara de huevo, luego coloque la mezcla a fuego lento hasta que esté tibia. Retirar del fuego y mezclar con las claras de huevo restantes. Coloque la mezcla en una manga pastelera con una boquilla acanalada (punta) de 1 cm / ½ pulg. Y coloque una espiral de 25 cm / 10 pulg. De diámetro en una bandeja para hornear engrasada (para galletas). Continúe con la tubería en espirales, cada una de 5 mm / ¼ in más pequeña que la anterior, hasta que tenga un círculo de 5 cm / 2. Hornee en un horno precalentado a 150 ° C / 300 ° F / marca de gas 2 durante unos 15 minutos hasta que se dore. Mientras aún estén calientes, colócalos uno encima del otro para formar una torre.

Mezcle los ingredientes del glaseado y coloque líneas en zig-zag por todo el pastel a través de una boquilla fina.

# *Tortas de coco portuguesas*

Hace 12

4 huevos, separados

450 g / 1 lb / 2 tazas de azúcar en polvo (superfina)

450 g / 1 lb / 4 tazas de coco desecado (rallado)

100 g / 4 oz / 1 taza de harina de arroz

50 ml / 2 fl oz / 3½ cucharadas de agua de rosas

1,5 ml / ¼ cucharadita de canela molida

1,5 ml / ¼ cucharadita de cardamomo molido

Una pizca de clavo molido

Una pizca de nuez moscada rallada

25 g / 1 oz / ¼ taza de almendras en copos (en rodajas)

Batir las yemas de huevo y el azúcar hasta que estén pálidas.
Agrega el coco y luego agrega la harina. Agregue el agua de rosas y
las especias. Batir las claras de huevo hasta que estén firmes y
luego incorporarlas a la mezcla. Verter en un molde para hornear
cuadrado engrasado de 25 cm / 10 pulgadas y espolvorear las
almendras por encima. Hornea en horno precalentado a 180 ° C /
350 ° F / marca de gas 4 durante 50 minutos hasta que al insertar
una brocheta en el centro salga limpia. Dejar enfriar en la lata
durante 10 minutos, luego cortar en cuadritos.

# Pastel Tosca Escandinavo

Hace un pastel de 23 cm / 9 pulgadas

2 huevos

150 g / 5 oz / 2/3 taza de azúcar morena suave

50 g / 2 oz / ¼ taza de mantequilla o margarina, derretida

10 ml / 2 cucharaditas de cáscara de naranja rallada

150 g / 5 oz / 1¼ tazas de harina común (para todo uso)

7,5 ml / 1½ cucharadita de polvo de hornear

60 ml / 4 cucharadas de crema doble (espesa)

### Para el aderezo:

50 g / 2 oz / ¼ taza de mantequilla o margarina

50 g / 2 oz / ¼ taza de azúcar en polvo (superfina)

100 g / 4 oz / 1 taza de almendras picadas

15 ml / 1 cucharada de crema doble (espesa)

30 ml / 2 cucharadas de harina común (para todo uso)

Batir los huevos y el azúcar hasta que estén suaves y esponjosos. Agregue la mantequilla o margarina y la cáscara de naranja, luego agregue la harina y el polvo de hornear. Incorpora la crema. Verter la mezcla en un molde (molde) para pasteles engrasado y forrado de 23 cm / 9 y hornear en un horno precalentado a 180 ° C / 350 ° C / marca de gas 4 durante 20 minutos.

Para hacer la cobertura, caliente los ingredientes en una sartén, revolviendo hasta que estén bien mezclados, y lleve al punto de ebullición. Vierta sobre el pastel. Aumentar la temperatura del horno a 200 ° C / 400 ° F / marca de gas 6 y devolver el bizcocho al horno durante 15 minutos más hasta que se dore.

# *Galletas Hertzog Sudafricanas*

Hace 12

75 g / 3 oz / ¾ taza de harina común (para todo uso)

15 ml / 1 cucharada de azúcar en polvo (superfina)

5 ml / 1 cucharadita de levadura en polvo

Una pizca de sal

40 g / 1½ oz / 3 cucharadas de mantequilla o margarina

1 yema de huevo grande

5 ml / 1 cucharadita de leche

## Para el llenado:
30 ml / 2 cucharadas de mermelada de albaricoque (conservar)

1 clara de huevo grande

100 g / 4 oz / ½ taza de azúcar en polvo (superfina)

50 g / 2 oz / ½ taza de coco desecado (rallado)

Mezcle la harina, el azúcar, el polvo de hornear y la sal. Frote la mantequilla o la margarina hasta que la mezcla se parezca a pan rallado. Mezcle la yema de huevo y suficiente leche para hacer una masa suave. Amasar bien. Extienda la masa sobre una superficie ligeramente enharinada, córtela en círculos con un cortador de galletas y úsela para forrar moldes para panecillos engrasados (empanadas). Coloca una cucharada de mermelada en el centro de cada una.

Para hacer el relleno, bata la clara de huevo hasta que esté rígida, luego agregue el azúcar hasta que esté firme y brillante. Agrega el coco. Vierta el relleno en los estuches de pastelería (tartas), asegurándose de que cubra la mermelada. Hornee en horno precalentado a 180 ° C / 350 ° F / marca de gas 4 durante 20 minutos hasta que esté dorado. Deje enfriar en las latas durante 5 minutos antes de colocarlo en una rejilla para terminar de enfriar.

# *Pastel Vasco*

Hace una torta de 25 cm / 10 pulgadas

## Para el llenado:

50 g / 2 oz / ¼ taza de azúcar en polvo (superfina)

25 g / 1 oz / ¼ taza de harina de maíz (maicena)

2 yemas de huevo

300 ml / ½ pt / 1¼ tazas de leche

½ vaina de vainilla (frijol)

Un poco de azúcar glas (repostería)

## Para el pastel:

275 g / 10 oz / 1¼ tazas de mantequilla o margarina, ablandada

175 g / 5 oz / ¼ taza de azúcar en polvo (superfina)

3 huevos

5 ml / 1 cucharadita de esencia de vainilla (extracto)

450 g / 1 lb / 4 tazas de harina común (para todo uso)

10 ml / 2 cucharaditas de polvo de hornear

Una pizca de sal

15 ml / 1 cucharada de brandy

Azúcar glas (repostería) para espolvorear

Para hacer el relleno, bate la mitad del azúcar en polvo con la maicena, las yemas de huevo y un poco de leche. Hierva el resto de la leche y el azúcar con la vaina de vainilla, luego vierta lentamente la mezcla de azúcar y huevo, batiendo continuamente. Llevar a ebullición y cocinar durante 3 minutos, batiendo todo el tiempo. Verter en un bol, espolvorear con azúcar glas para evitar que se forme una piel y dejar enfriar.

Para hacer el pastel, mezcle la mantequilla o margarina y el azúcar en polvo hasta que esté suave y esponjoso. Agregue gradualmente los huevos y la esencia de vainilla alternativamente con cucharadas de harina, levadura en polvo y sal, luego agregue la harina restante. Transfiera la mezcla a una manga pastelera con boquilla (punta) simple de 1 cm / ½ en y coloque la mitad de la mezcla en forma de espiral en la base de un molde para pasteles (molde) engrasado y enharinado de 25 cm / 10. Dibuje un círculo en la parte superior alrededor del borde para formar un borde para contener el relleno. Deseche la vaina de vainilla del relleno, agregue el brandy y bata hasta que quede suave, luego vierta sobre la mezcla del pastel. Coloca el resto de la mezcla de pastel en espiral sobre la parte superior. Hornee en un horno precalentado a 190 ° C / 375 ° F / marca de gas 5 durante 50 minutos hasta que estén dorados y firmes al tacto. Dejar enfriar y espolvorear con azúcar glas.

# Prisma de almendra y queso crema

Hace un pastel de 23 cm / 9 pulgadas

200 g / 7 oz / 1¾ tazas de mantequilla o margarina, ablandada

100 g / 4 oz / ½ taza de azúcar en polvo (superfina)

1 huevo

200 g / 7 oz / escasa 1 taza de queso crema

5 ml / 1 cucharadita de jugo de limón

2,5 ml / ½ cucharadita de canela molida

75 ml / 5 cucharadas de brandy

90 ml / 6 cucharadas de leche

30 bonitas galletas (galletas)

## Para la formación de hielo (glaseado):

60 ml / 4 cucharadas de azúcar en polvo

30 ml / 2 cucharadas de cacao en polvo (chocolate sin azúcar)

100 g / 4 oz / 1 taza de chocolate natural (semidulce)

60 ml / 4 cucharadas de agua

50 g / 2 oz / ¼ taza de mantequilla o margarina

100 g / 4 oz / 1 taza de almendras en hojuelas (en rodajas)

Batir la mantequilla o margarina y el azúcar hasta que esté suave y esponjoso. Batir el huevo, el queso crema, el jugo de limón y la canela. Coloque una hoja grande de papel de aluminio sobre una superficie de trabajo. Mezclar el brandy y la leche. Sumerja 10 galletas en la mezcla de brandy y coloque en el papel de aluminio en un rectángulo dos galletas de alto por cinco de largo. Extienda la mezcla de queso sobre las galletas. Sumerja las galletas restantes en el brandy y la leche y colóquelas encima de la mezcla para hacer una forma triangular larga. Doble el papel de aluminio y enfríe durante la noche.

Para hacer el glaseado, poner a hervir el azúcar, el cacao, el chocolate y el agua en una cacerola pequeña y dejar hervir durante 3 minutos. Retirar del fuego y agregar la mantequilla. Dejar enfriar un poco. Retire el papel de aluminio del pastel y extienda la mezcla de chocolate por encima. Mientras aún está caliente, presione las almendras. Enfríe hasta que cuaje.

# Castillo de la Selva Negra

Hace un pastel de 18 cm / 7 pulgadas

175 g / 6 oz / ¾ taza de mantequilla o margarina, ablandada

175 g / 6 oz / ¾ taza de azúcar en polvo (superfina)

3 huevos, ligeramente batidos

150 g / 5 oz / 1¼ tazas de harina con levadura (levadura)

25 g / 1 oz / ¼ taza de cacao en polvo (chocolate sin azúcar)

10 ml / 2 cucharaditas de polvo de hornear

90 ml / 6 cucharadas de mermelada de cereza (conservar)

100 g / 4 oz / 1 taza de chocolate natural (semidulce), finamente rallado

400 g / 14 oz / 1 lata grande de cerezas negras, escurridas y reservado el jugo

150 ml / ¼ pt / 2/3 taza de crema doble (espesa) batida

10 ml / 2 cucharaditas de arrurruz

Batir la mantequilla o margarina y el azúcar hasta que esté suave y esponjoso. Incorpora poco a poco los huevos y luego añade la harina, el cacao y el polvo de hornear. Dividir la mezcla entre dos moldes (sartenes) para sándwich (sartenes) engrasados y forrados de 18 cm / 7 y hornear en horno precalentado a 180 ° C / 350 ° F / marca de gas 4 durante 25 minutos hasta que esté firme al tacto. Dejar enfriar.

Emparede los pasteles junto con un poco de mermelada y esparza el resto por los lados del pastel. Presione el chocolate rallado sobre los lados del pastel. Coloca las cerezas de forma atractiva por encima. Coloca la crema alrededor del borde superior del pastel. Calentar el arrurruz con un poco de jugo de cereza y untar la fruta para glasear.

# Tarta de chocolate y almendras

Hace un pastel de 23 cm / 9 pulgadas

100 g / 4 oz / 1 taza de chocolate natural (semidulce)

100 g / 4 oz / ½ taza de mantequilla o margarina, ablandada

150 g / 5 oz / 2/3 taza de azúcar en polvo (superfina)

3 huevos, separados

50 g / 2 oz / ½ taza de almendras molidas

100 g / 4 oz / 1 taza de harina común (para todo uso)

Para el llenado:

225 g / 8 oz / 2 tazas de chocolate natural (semidulce)

300 ml / ½ pt / 1¼ tazas de crema doble (espesa)

75 g / 3 oz / ¼ taza de mermelada de frambuesa (conservar)

Derrita el chocolate en un recipiente resistente al calor colocado sobre una cacerola con agua hirviendo a fuego lento. Batir la mantequilla o la margarina y el azúcar, luego agregar el chocolate y las yemas de huevo. Incorporar las almendras molidas y la harina. Batir las claras de huevo hasta que estén firmes y luego incorporarlas a la mezcla. Vierta en un molde (molde) para pasteles engrasado y forrado de 23 cm / 9 y hornee en un horno precalentado a 180 ° C / 350 ° F / marca de gas 4 durante 40 minutos hasta que esté firme al tacto. Dejar enfriar, luego cortar el bizcocho por la mitad horizontalmente.

Para hacer el relleno, derrita el chocolate y la nata en un recipiente resistente al calor colocado sobre una olla con agua hirviendo a fuego lento. Revuelva hasta que esté suave, luego deje enfriar, revolviendo ocasionalmente. Emparedar los pasteles junto con la mermelada y la mitad de la crema de chocolate, luego esparcir el resto de la crema por la parte superior y los lados del pastel y dejar reposar.

# Tarta de queso con chocolate

Hace un pastel de 23 cm / 9 pulgadas

Para la base:

25 g / 1 oz / 2 cucharadas de azúcar en polvo (superfina)

175 g / 6 oz / 1½ tazas de migajas de galletas digestivas (galleta Graham)

75 g / 3 oz / 1/3 taza de mantequilla o margarina, derretida

Para el llenado:

100 g / 4 oz / 1 taza de chocolate natural (semidulce)

300 g / 10 oz / 1¼ tazas de queso crema

3 huevos, separados

45 ml / 3 cucharadas de cacao en polvo (chocolate sin azúcar)

25 g / 1 oz / ¼ taza de harina común (para todo uso)

50 g / 2 oz / ¼ taza de azúcar morena suave

150 ml / ¼ pt / 2/3 taza de crema agria (agria)

50 g / 2 oz / ¼ taza de azúcar en polvo (superfina) Para decorar:

100 g / 4 oz / 1 taza de chocolate natural (semidulce)

25 g / 1 oz / 2 cucharadas de mantequilla o margarina

120 ml / 4 fl oz / ½ taza de crema doble (espesa)

6 cerezas glaseadas (confitadas)

Para hacer la base, mezcle el azúcar y las migas de galleta con la mantequilla derretida y presione en la base y los lados de un molde de pastel (molde) desmontable de 23 cm / 9 engrasado.

Para hacer el relleno, derrita el chocolate en un recipiente resistente al calor colocado sobre una olla con agua hirviendo a fuego lento. Dejar enfriar un poco. Batir el queso con las yemas de huevo, el cacao, la harina, el azúcar morena y la crema agria, luego incorporar el chocolate derretido. Batir las claras de huevo hasta que formen picos suaves, luego agregar el azúcar en polvo y volver a batir hasta que estén firmes y brillantes. Doblar en la mezcla con una cuchara de metal y colocar sobre la base, nivelando la superficie. Hornee en un horno precalentado a 160 ° C / 325 ° F / marca de gas 3 durante 1½ horas. Apagar el horno y dejar enfriar el bizcocho en el horno con la puerta entreabierta. Enfríe hasta que esté firme, luego retírelo del molde.

Para decorar, derrita el chocolate y la mantequilla o la margarina en un recipiente resistente al calor colocado sobre una olla con agua hirviendo a fuego lento. Retirar del fuego y dejar enfriar un poco, luego agregar la crema. Gire el chocolate sobre la parte superior del pastel en patrones, luego decore con las cerezas glaseadas.

# *Tarta de dulce de chocolate*

Hace una torta de 20 cm / 8 pulgadas

75 g / 3 oz / ¾ taza de chocolate natural (semidulce), picado

200 ml / 7 fl oz / escasa 1 taza de leche

225 g / 8 oz / 1 taza de azúcar morena oscura

75 g / 3 oz / 1/3 taza de mantequilla o margarina, ablandada

2 huevos, ligeramente batidos

2,5 ml / ½ cucharadita de esencia de vainilla (extracto)

150 g / 5 oz / 1¼ tazas de harina común (para todo uso)

25 g / 1 oz / ¼ taza de cacao en polvo (chocolate sin azúcar)

5 ml / 1 cucharadita de bicarbonato de sodio (bicarbonato de sodio)

### Para la formación de hielo (glaseado):

100 g / 4 oz / 1 taza de chocolate natural (semidulce)

100 g / 4 oz / ½ taza de mantequilla o margarina, ablandada

225 g / 8 oz / 11/3 tazas de azúcar glas (de repostería), tamizada

Copos de chocolate o rizos para decorar

Derretir el chocolate, la leche y 75 g / 3 oz / 1/3 taza de azúcar en una sartén, luego dejar enfriar un poco. Batir la mantequilla y el azúcar restante hasta que esté suave y esponjoso. Poco a poco, agregue los huevos y la esencia de vainilla, luego agregue la mezcla de chocolate. Incorpore suavemente la harina, el cacao y el bicarbonato de sodio. Coloque la mezcla en dos moldes para sándwich (sartenes) engrasados y forrados de 20 cm / 8 en y hornee en un horno precalentado a 180 ° C / 350 ° F / marca de gas 4 durante 30 minutos hasta que esté elástico al tacto. Deje enfriar en las latas durante 3 minutos, luego colóquelo en una rejilla para terminar de enfriar.

Para hacer el glaseado, derrita el chocolate en un recipiente resistente al calor colocado sobre una olla con agua hirviendo a fuego lento. Bate la mantequilla o la margarina y el azúcar hasta que estén suaves, luego agrega el chocolate derretido. Emparede los pasteles junto con un tercio del glaseado, luego esparza el resto sobre la parte superior y los lados del pastel. Decore la parte superior con hojuelas desmenuzadas o haga rizos raspando un cuchillo afilado a lo largo del costado de una barra de chocolate.

# Gâteau de algarroba y menta

Hace una torta de 20 cm / 8 pulgadas

3 huevos

50 g / 2 oz / ¼ taza de azúcar en polvo (superfina)

75 g / 3 oz / 1/3 taza de harina con levadura (levadura)

25 g / 1 oz / ¼ taza de algarroba en polvo

150 ml / ¼ pt / 2/3 taza de crema batida

Unas gotas de esencia de menta (extracto)

50 g / 2 oz / ½ taza de nueces mixtas picadas

Batir los huevos hasta que estén pálidos. Agregue el azúcar y continúe hasta que la mezcla esté pálida y cremosa y se desprenda del batidor en tiras. Esto puede tardar entre 15 y 20 minutos. Mezcle la harina y la algarroba en polvo y mezcle con la mezcla de huevo. Vierta en dos moldes (moldes) para pasteles engrasados y forrados de 20 cm / 18 en y hornee en un horno precalentado a 180 ° C / 350 ° F / marca de gas 4 durante 15 minutos hasta que esté elástico al tacto. Fresco.

Batir la nata hasta obtener picos suaves, incorporar la esencia y las nueces. Corta cada bizcocho por la mitad en forma horizontal y empareda todos los bizcochos junto con la crema.

# Gâteau de café helado

Hace un pastel de 18 cm / 7 pulgadas

225 g / 8 oz / 1 taza de mantequilla o margarina

100 g / 4 oz / ½ taza de azúcar en polvo (superfina)

2 huevos, ligeramente batidos

100 g / 4 oz / 1 taza de harina con levadura

Una pizca de sal

30 ml / 2 cucharadas de esencia de café (extracto)

100 g / 4 oz / 1 taza de almendras en hojuelas (en rodajas)

225 g / 8 oz / 11/3 tazas de azúcar glas (de repostería), tamizada

Batir la mitad de la mantequilla o margarina y el azúcar en polvo hasta que esté suave y esponjoso. Poco a poco, bata los huevos, luego agregue la harina, la sal y 15 ml / 1 cucharada de esencia de café. Vierta la mezcla en dos moldes para sándwich (sartenes) engrasados y forrados de 18 cm / 7 y hornee en un horno precalentado a 180 ° C / 350 ° F / marca de gas 4 durante 25 minutos hasta que esté firme al tacto. Dejar enfriar. Colocar las almendras en una sartén seca (sartén) y tostar a fuego medio, agitando la sartén continuamente, hasta que estén doradas.

Batir la mantequilla o margarina restante hasta que esté blanda, luego ir agregando gradualmente el azúcar glas y la esencia de café restante hasta que tenga una consistencia untable. Emparede los pasteles junto con un tercio del glaseado (glaseado). Extienda la mitad del glaseado restante alrededor de los lados del pastel y presione las almendras tostadas en el glaseado. Extienda el resto sobre la parte superior del pastel y marque los patrones con un tenedor.

# Anillo Gâteau café y nuez

Hace un pastel de 23 cm / 9 pulgadas

## Para el pastel:

15 ml / 1 cucharada de café instantáneo en polvo

15 ml / 1 cucharada de leche

100 g / 4 oz / 1 taza de harina con levadura

5 ml / 1 cucharadita de levadura en polvo

100 g / 4 oz / ½ taza de mantequilla o margarina, ablandada

100 g / 4 oz / ½ taza de azúcar en polvo (superfina)

2 huevos, ligeramente batidos

## Para el llenado:

45 ml / 3 cucharadas de mermelada de albaricoque (conserva), tamizada (colada)

15 ml / 1 cucharada de agua

10 ml / 2 cucharaditas de café instantáneo en polvo

30 ml / 2 cucharadas de leche

100 g / 4 oz / 2/3 taza de azúcar glas (de repostería), tamizada

50 g / 2 oz / ¼ taza de mantequilla o margarina, ablandada

50 g / 2 oz / ½ taza de nueces, picadas

## Para la formación de hielo (glaseado):

30 ml / 2 cucharadas de café instantáneo en polvo

90 ml / 6 cucharadas de leche

450 g / 1 lb / 22/3 tazas de azúcar glas (de repostería), tamizada

50 g / 2 oz / ¼ taza de mantequilla o margarina

Algunas mitades de nuez para decorar

Para hacer el bizcocho, disuelve el café en la leche, luego mézclalo con el resto de los ingredientes del bizcocho y bate hasta que todo esté bien mezclado. Colocar con una cuchara en un molde de anillo engrasado de 23 cm (9 pulgadas) y hornear en un horno precalentado a 160 ° C / 325 ° F / marca de gas 3 durante 40 minutos hasta que esté elástico al tacto. Deje enfriar en la lata durante 5 minutos, luego colóquelo en una rejilla para terminar de enfriar. Corta el bizcocho por la mitad de forma horizontal.

Para hacer el relleno, caliente la mermelada y el agua hasta que estén bien mezclados, luego cepille sobre las superficies cortadas del bizcocho. Disuelva el café en la leche, luego mezcle con el azúcar glass con la mantequilla o la margarina y las nueces y bata hasta obtener una consistencia untable. Emparea las dos mitades del bizcocho con el relleno.

Para hacer el glaseado, disuelva el café en la leche en un recipiente resistente al calor colocado sobre una olla con agua hirviendo a fuego lento. Agrega el azúcar glass y la mantequilla o margarina y bate hasta que quede suave. Retirar del fuego y dejar enfriar y espesar hasta obtener la consistencia de una capa, batiendo de vez en cuando. Vierta el glaseado sobre el pastel, decore con mitades de nueces y deje reposar.

# Gâteau danés de chocolate y natillas

Hace un pastel de 23 cm / 9 pulgadas

4 huevos, separados

175 g / 6 oz / 1 taza de azúcar glas (de repostería), tamizada

Corteza rallada de ½ limón

60 g / 2½ oz / 2/3 taza de harina común (para todo uso)

60 g / 2½ oz / 2/3 taza de harina de papa

2,5 ml / ½ cucharadita de levadura en polvo

## Para el llenado:

45 ml / 3 cucharadas de azúcar en polvo (superfina)

15 ml / 1 cucharada de harina de maíz (maicena)

300 ml / ½ pt / 1¼ tazas de leche

3 yemas de huevo batidas

50 g / 2 oz / ½ taza de nueces mixtas picadas

150 ml / ¼ pt / 2/3 taza de crema doble (espesa)

## Para el aderezo:

100 g / 4 oz / 1 taza de chocolate natural (semidulce)

30 ml / 2 cucharadas de crema doble (espesa)

25 g / 1 oz / ¼ taza de chocolate blanco, rallado o cortado en rizos

Batir las yemas de huevo con el azúcar glass y la ralladura de limón. Agregue las harinas y el polvo de hornear. Batir las claras de huevo hasta que estén firmes, luego incorporar a la mezcla con una cuchara de metal. Vierta en un molde (molde) para pasteles engrasado y forrado de 23 cm / 9 y hornee en un horno precalentado a 190 ° C / 375 ° F / marca de gas 5 durante 20 minutos hasta que estén dorados y elásticos al tacto. Deje enfriar en la lata durante 5 minutos, luego colóquelo en una rejilla para terminar de enfriar. Corta el bizcocho horizontalmente en tres capas.

Para hacer el relleno, licúa el azúcar y la maicena hasta formar una pasta con un poco de leche. Lleve la leche restante a ebullición, luego vierta sobre la mezcla de harina de maíz y mezcle bien. Regrese a la sartén enjuagada y revuelva continuamente a fuego muy suave hasta que la crema se espese. Batir las yemas a fuego muy lento sin dejar que la natilla hierva. Deje enfriar un poco, luego agregue las nueces. Batir la nata hasta que esté rígida y luego incorporarla a las natillas. Empareda las capas junto con las natillas.

Para hacer la cobertura, derrita el chocolate con la crema en un recipiente resistente al calor colocado sobre una olla con agua hirviendo a fuego lento. Repartir por la parte superior del bizcocho y decorar con chocolate blanco rallado.

# *Fruta Gâteau*

Hace una torta de 20 cm / 8 pulgadas

1 manzana para cocinar (tarta), pelada, sin corazón y picada

25 g / 1 oz / ¼ taza de higos secos, picados

25 g / 1 oz / ¼ taza de pasas

75 g / 3 oz / 1/3 taza de mantequilla o margarina, ablandada

2 huevos

175 g / 6 oz / 1½ tazas de harina integral (integral)

5 ml / 1 cucharadita de levadura en polvo

30 ml / 2 cucharadas de leche desnatada

15 ml / 1 cucharada de gelatina

30 ml / 2 cucharadas de agua

400 g / 14 oz / 1 lata grande de piña picada, escurrida

300 ml / ½ pt / 1¼ tazas de queso fresco

150 ml / ¼ pt / 2/3 taza de crema batida

Mezcle la manzana, los higos, las pasas y la mantequilla o margarina. Batir los huevos. Agregue la harina y el polvo de hornear y suficiente leche para mezclar hasta obtener una mezcla suave. Vierta en un molde (molde) para pasteles engrasado de 20 cm / 8 en y hornee en un horno precalentado a 180 ° C / 350 ° F / marca de gas 4 durante 30 minutos hasta que esté firme al tacto. Retirar del molde y enfriar sobre una rejilla.

Para hacer el relleno, espolvorear la gelatina sobre el agua en un bol pequeño y dejar hasta que quede esponjoso. Coloca el bol en una olla con agua caliente y déjalo hasta que se disuelva. Dejar enfriar un poco. Agregue la piña, el queso fresco y la crema y enfríe hasta que cuaje. Cortar el bizcocho por la mitad en forma horizontal y emparedar junto con la nata.

# Savarin de frutas

Hace una torta de 20 cm / 8 pulgadas

15 g / ½ oz de levadura fresca o 20 ml / 4 cucharaditas de levadura seca

45 ml / 3 cucharadas de leche tibia

100 g / 4 oz / 1 taza de harina común (para pan) fuerte

Una pizca de sal

5 ml / 1 cucharadita de azúcar

2 huevos batidos

50 g / 2 oz / ¼ taza de mantequilla o margarina, ablandada

## Para el almíbar:
225 g / 8 oz / 1 taza de azúcar en polvo (superfina)

300 ml / ½ pt / 1¼ tazas de agua

45 ml / 3 cucharadas de kirsch

## Para el llenado:
2 plátanos

100 g / 4 oz de fresas, en rodajas

100 g / 4 oz de frambuesas

Mezcle la levadura y la leche, luego agregue 15 ml / 1 cucharada de harina. Dejar reposar hasta que esté espumoso. Agrega el resto de la harina, la sal, el azúcar, los huevos y la mantequilla y bate hasta obtener una masa suave. Vierta en un molde de savarina o anillo (molde de tubo) engrasado y enharinado de 20 cm / 8 y déjelo en un lugar cálido durante unos 45 minutos hasta que la mezcla casi llegue a la parte superior de la lata. Hornee en un horno precalentado durante 30 minutos hasta que se dore y se encoja de los lados del molde. Coloque sobre una rejilla sobre una bandeja y pinche todo con un pincho.

Mientras se cocina el savarin, prepare el almíbar. Disuelva el azúcar en el agua a fuego lento, revolviendo de vez en cuando. Lleve a ebullición y cocine a fuego lento sin revolver durante 5 minutos hasta que esté almibarado. Incorpora el kirsch. Vierta el almíbar caliente sobre la savarina hasta que esté saturado. Dejar enfriar.

Cortar los plátanos en rodajas finas y mezclar con la otra fruta y el almíbar que goteó en la bandeja. Coloque la savarina en un plato y vierta la fruta en el centro justo antes de servir.

# Pastel de capas de jengibre

Hace un pastel de 18 cm / 7 pulgadas

100 g / 4 oz / 1 taza de harina con levadura

5 ml / 1 cucharadita de levadura en polvo

100 g / 4 oz / ½ taza de mantequilla o margarina, ablandada

100 g / 4 oz / ½ taza de azúcar en polvo (superfina)

2 huevos

### Para el relleno y decoración:

150 ml / ¼ pt / 2/3 taza de crema batida o doble (espesa)

100 g / 4 oz / 1/3 taza de mermelada de jengibre

4 galletas de jengibre (galletas), trituradas

Unos trozos de jengibre cristalizado (confitado)

Batir todos los ingredientes del pastel hasta que estén bien mezclados. Vierta en dos moldes para sándwich (sartenes) engrasados y forrados de 18 cm / 7 y hornee en un horno precalentado a 160 ° C / 325 ° F / marca de gas 3 durante 25 minutos hasta que estén dorados y elásticos al tacto. Deje enfriar en las latas durante 5 minutos, luego colóquelo en una rejilla para terminar de enfriar. Corta cada bizcocho por la mitad de forma horizontal.

Para hacer el relleno, bata la nata hasta que esté rígida. Unte la capa base de un bizcocho con la mitad de la mermelada y coloque la segunda capa encima. Unte con la mitad de la crema y cubra con la siguiente capa. Unte eso con la mermelada restante y cubra con la capa final. Untar encima la nata restante y decorar con las migas de galleta y el jengibre cristalizado.

# Gâteau de uva y melocotón

Hace una torta de 20 cm / 8 pulgadas

4 huevos

100 g / 4 oz / ½ taza de azúcar en polvo (superfina)

75 g / 6 oz / 1½ tazas de harina común (para todo uso)

Una pizca de sal

## Para el relleno y decoración:

100 g / 14 oz / 1 lata grande de duraznos en almíbar

450 ml / ¾ pt / 2 tazas de crema doble (espesa)

50 g / 2 oz / ¼ taza de azúcar en polvo (superfina)

Unas gotas de esencia de vainilla (extracto)

100 g / 4 oz / 1 taza de avellanas, picadas

100 g / 4 oz de uvas sin semillas (sin hueso)

Una ramita de menta fresca

Batir los huevos y el azúcar hasta que la mezcla esté espesa y pálida y se desprenda del batidor en tiras. Tamizar la harina y la sal e incorporar suavemente hasta que se combinen. Colocar con una cuchara en un molde desmontable (molde) de 20 cm / 8 engrasado y forrado y hornear en un horno precalentado a 180 ° C / 350 ° F / marca de gas 4 durante 30 minutos hasta que un pincho insertado en el centro salga limpio. Deje enfriar en la lata durante 5 minutos, luego colóquelo en una rejilla para terminar de enfriar. Corta el bizcocho por la mitad de forma horizontal.

Escurrir los duraznos y reservar 90 ml / 6 cucharadas de almíbar. Cortar en rodajas finas la mitad de los duraznos y picar el resto. Montar la nata con el azúcar y la esencia de vainilla hasta que espese. Extienda la mitad de la crema sobre la capa inferior del bizcocho, espolvoree con los melocotones picados y vuelva a colocar la parte superior del bizcocho. Extienda la crema restante por los lados y sobre la parte superior del pastel. Presione las nueces picadas por los lados. Coloca los melocotones en rodajas alrededor del borde de la parte superior del pastel y las uvas en el centro. Decora con una ramita de menta.

# Tarta de limón

Hace un pastel de 18 cm / 7 pulgadas

## Para el pastel:

100 g / 4 oz / ½ taza de mantequilla o margarina, ablandada

100 g / 4 oz / ½ taza de azúcar en polvo (superfina)

2 huevos, ligeramente batidos

100 g / 4 oz / 1 taza de harina con levadura

Una pizca de sal

Corteza rallada y jugo de 1 limón

## Para la formación de hielo (glaseado):

100 g / 4 oz / ½ taza de mantequilla o margarina, ablandada

225 g / 8 oz / 11/3 tazas de azúcar glas (de repostería), tamizada

100 g / 4 oz / 1/3 taza de cuajada de limón

Glaseado de flores para decoración

Para hacer el pastel, mezcle la mantequilla o margarina y el azúcar hasta que esté suave y esponjoso. Poco a poco, bata los huevos, luego agregue la harina, la sal y la cáscara de limón. Vierta la mezcla en dos moldes para sándwich (sartenes) engrasados y forrados de 18 cm / 7 y hornee en un horno precalentado a 180 ° C / 350 ° F / marca de gas 4 durante 25 minutos hasta que esté firme al tacto. Dejar enfriar.

Para hacer el glaseado, bata la mantequilla o la margarina hasta que estén blandas, luego agregue el azúcar glas y el jugo de limón para obtener una consistencia untable. Emparede los pasteles junto con la cuajada de limón y esparza tres cuartas partes del glaseado sobre la parte superior y los lados del pastel, marcando patrones con un tenedor. Coloque el resto del glaseado en una manga pastelera con una boquilla en forma de estrella (punta) y coloque rosetas alrededor de la parte superior del pastel. Decora con flores de glaseado.

# *Marron Gâteau*

Hace una torta de 25 cm / 10 pulgadas

425 g / 15 oz / 1 lata grande de puré de castañas

6 huevos, separados

5 ml / 1 cucharadita de esencia de vainilla (extracto)

5 ml / 1 cucharadita de canela molida

350 g / 12 oz / 2 tazas de azúcar glas (de repostería), tamizada

100 g / 4 oz / 1 taza de harina común (para todo uso)

5 ml / 1 cucharadita de gelatina en polvo

30 ml / 2 cucharadas de agua

15 ml / 1 cucharada de ron

300 ml / ½ pt / 1¼ tazas de crema doble (espesa)

90 ml / 6 cucharadas de mermelada de albaricoque (conserva), tamizada (colada)

30 ml / 2 cucharadas de agua

450 g / 1 lb / 4 tazas de chocolate natural (semidulce), partido en trozos

100 g / 4 oz de pasta de almendras

30 ml / 2 cucharadas de pistachos picados

Tamizar el puré de castañas y revolver hasta que quede suave, luego dividir por la mitad. Mezclar la mitad con las yemas de huevo, esencia de vainilla, canela y 50 g / 2 oz / 1/3 taza de azúcar glas. Batir las claras de huevo hasta que estén firmes, luego agregar gradualmente 175 g / 6 oz / 1 taza de azúcar glas hasta que la mezcla forme picos rígidos. Incorporar la mezcla de yema de huevo y castañas. Incorporar la harina y verter en un molde para pasteles engrasado y forrado de 25 cm / 10. Hornee en un horno precalentado a 180 ° C / 350 ° F / marca de gas 4 durante

45 minutos hasta que esté elástico al tacto. Dejar enfriar, tapar y dejar toda la noche.

Espolvorear la gelatina sobre el agua en un bol y dejar hasta que quede esponjoso. Coloca el bol en una olla con agua caliente y déjalo hasta que se disuelva. Dejar enfriar un poco. Mezclar el resto del puré de castañas con el resto del azúcar glas y el ron. Batir la nata hasta que esté rígida, luego incorporar al puré con la gelatina disuelta. Cortar el bizcocho en tres horizontalmente y emparejar junto con el puré de castañas. Recorta los bordes y deja enfriar durante 30 minutos.

Hierva la mermelada con el agua hasta que esté bien mezclada, luego cepille sobre la parte superior y los lados del pastel. Derrita el chocolate en un recipiente resistente al calor colocado sobre una cacerola con agua hirviendo a fuego lento. Dale a la pasta de almendras 16 formas de castañas. Sumerja la base en el chocolate derretido y luego en los pistachos. Extienda el chocolate restante sobre la parte superior y los lados del pastel y alise la superficie con una espátula. Colocar las castañas de pasta de almendras alrededor del borde mientras el chocolate aún está caliente y marcar en 16 rodajas. Deje enfriar y cuaje.

# *Milhojas*

Hace un pastel de 23 cm / 9 pulgadas

225 g / 8 oz de hojaldre

150 ml / ¼ pt / 2/3 taza de crema doble (espesa) o para batir

45 ml / 3 cucharadas de mermelada de frambuesa (conservar)

Azúcar glas (repostería), tamizado

Extienda la masa (pasta) a unos 3 mm / 1/8 de grosor y córtela en tres rectángulos iguales. Coloque en una bandeja para hornear (para galletas) humedecida y hornee en un horno precalentado a 200 ° C / 400 ° F / marca de gas 6 durante 10 minutos hasta que esté dorado. Dejar enfriar sobre una rejilla. Batir la nata hasta que esté rígida. Extienda la mermelada sobre dos de los rectángulos de masa. Emparede los rectángulos con la crema, cubriendo con la crema restante. Sirve espolvoreado con azúcar glas.

# Gâteau naranja

Hace un pastel de 18 cm / 7 pulgadas

225 g / 8 oz / 1 taza de mantequilla o margarina, ablandada

100 g / 4 oz / ½ taza de azúcar en polvo (superfina)

2 huevos, ligeramente batidos

100 g / 4 oz / 1 taza de harina con levadura

Una pizca de sal

Corteza rallada y jugo de 1 naranja

225 g / 8 oz / 11/3 tazas de azúcar glas (de repostería), tamizada

Rodajas de naranja glacé (confitadas) para decorar

Batir la mitad de la mantequilla o margarina y el azúcar en polvo hasta que esté suave y esponjoso. Poco a poco, agregue los huevos, luego agregue la harina, la sal y la cáscara de naranja. Vierta la mezcla en dos moldes para sándwich (sartenes) engrasados y forrados de 18 cm / 7 y hornee en un horno precalentado a 180 ° C / 350 ° F / marca de gas 4 durante 25 minutos hasta que esté firme al tacto. Dejar enfriar.

Batir la mantequilla o margarina restante hasta que esté blanda, luego agregar el azúcar glas y el jugo de naranja para obtener una consistencia untable. Emparede los pasteles junto con un tercio del glaseado (glaseado), luego extienda el resto sobre la parte superior y los lados del pastel, marcando patrones con un tenedor. Decorar con rodajas de naranja glaseada.

# Tarta de mermelada de naranja de cuatro niveles

Hace un pastel de 23 cm / 9 pulgadas

Para el pastel:

200 ml / 7 fl oz / escasa 1 taza de agua

25 g / 1 oz / 2 cucharadas de mantequilla o margarina

4 huevos, ligeramente batidos

300 g / 11 oz / 11/3 tazas de azúcar en polvo (superfina)

5 ml / 1 cucharadita de esencia de vainilla (extracto)

300 g / 11 oz / 2¾ tazas de harina común (para todo uso)

10 ml / 2 cucharaditas de polvo de hornear

Una pizca de sal

Para el llenado:

30 ml / 2 cucharadas de harina común (para todo uso)

30 ml / 2 cucharadas de harina de maíz (maicena)

15 ml / 1 cucharada de azúcar en polvo (superfina)

2 huevos, separados

450 ml / ¾ pt / 2 tazas de leche

5 ml / 1 cucharadita de esencia de vainilla (extracto)

120 ml / 4 fl oz / ½ taza de jerez dulce

175 g / 6 oz / ½ taza de mermelada de naranja

120 ml / 4 fl oz / ½ taza de crema doble (espesa)

100 g / 4 oz de maní quebradizo, triturado

Para hacer el bizcocho, hierva el agua con la mantequilla o la margarina. Batir los huevos y el azúcar hasta que estén pálidos y espumosos, luego continúe batiendo hasta que la mezcla esté muy ligera. Batir la esencia de vainilla, espolvorear con harina, levadura en polvo y sal y verter la mezcla de mantequilla y agua hirviendo. Mezclar hasta que quede bien mezclado. Vierta en dos moldes (sartenes) para sándwich (sartenes) engrasados y enharinados y hornee en un horno precalentado a 180 ° C / 350 ° F / marca de gas 4 durante 25 minutos hasta que estén dorados y elásticos al tacto. Deje enfriar en las latas durante 3 minutos, luego colóquelo en una rejilla para terminar de enfriar. Corta cada bizcocho por la mitad de forma horizontal.

Para hacer el relleno, mezcle la harina, la maicena, el azúcar y las yemas de huevo hasta obtener una pasta con un poco de leche. Lleve la leche restante a ebullición en una sartén, luego viértala en la mezcla y bata hasta que quede suave. Regrese a la sartén enjuagada y lleve a ebullición a fuego lento, revolviendo continuamente hasta que espese. Retirar del fuego y agregar la esencia de vainilla, luego dejar enfriar un poco. Batir las claras de huevo hasta que estén firmes, luego doblar.

Espolvoree el jerez sobre las cuatro capas de la torta, unte tres con mermelada y luego extienda la crema pastelera por encima. Reúna las capas en un sándwich de cuatro niveles. Batir la crema hasta que esté rígida y colocar una cuchara sobre la parte superior del pastel. Espolvorear con el maní quebradizo.

# Gâteau de nueces y dátiles

Hace un pastel de 23 cm / 9 pulgadas

Para el pastel:

250 ml / 8 fl oz / 1 taza de agua hirviendo

450 g / 1 lb / 2 tazas de dátiles deshuesados, finamente picados

2,5 ml / ½ cucharadita de bicarbonato de sodio (bicarbonato de sodio)

225 g / 8 oz / 1 taza de mantequilla o magarina, ablandada

225 g / 8 oz / 1 taza de azúcar en polvo (superfina)

3 huevos

100 g / 4 oz / 1 taza de nueces pecanas picadas

5 ml / 1 cucharadita de esencia de vainilla (extracto)

350 g / 12 oz / 3 tazas de harina común (para todo uso)

10 ml / 2 cucharaditas de canela molida

5 ml / 1 cucharadita de levadura en polvo

Para la formación de hielo (glaseado):

120 ml / 4 fl oz / ½ taza de agua

30 ml / 2 cucharadas de cacao en polvo (chocolate sin azúcar)

10 ml / 2 cucharaditas de café instantáneo en polvo

100 g / 4 oz / ½ taza de mantequilla o margarina

400 g / 14 oz / 21/3 tazas de azúcar glas (de repostería), tamizada

50 g / 2 oz / ½ taza de nueces pecanas, finamente picadas

Para hacer el bizcocho, se vierte el agua hirviendo sobre los dátiles y el bicarbonato de sodio y se deja reposar hasta que se enfríe. Batir la mantequilla o margarina y el azúcar en polvo hasta que esté suave y esponjoso. Poco a poco, agregue los huevos y luego agregue las nueces, la esencia de vainilla y los dátiles. Incorpora la harina, la canela y el polvo de hornear. Vierta en dos moldes para sándwich (sartenes) engrasados de 23 cm / 9 en y hornee en un horno precalentado a 180 ° C / 350 ° F / marca de gas 4 durante 30 minutos hasta que esté elástico al tacto. Ponga en una rejilla para enfriar.

Para hacer el glaseado, hierve el agua, el cacao y el café en una cacerola pequeña hasta obtener un almíbar espeso. Dejar enfriar. Batir la mantequilla o margarina y el azúcar glas hasta que se ablanden, luego batir con el almíbar. Empareda los pasteles junto con un tercio del glaseado. Extienda la mitad del glaseado restante alrededor de los lados del pastel, luego presione las nueces picadas. Extienda la mayor parte del glaseado restante sobre la parte superior y coloque algunas rosetas de glaseado.

# Tarta de Ciruela y Canela

Hace un pastel de 23 cm / 9 pulgadas

350 g / 12 oz / 1½ tazas de mantequilla o margarina, ablandada

175 g / 6 oz / ¾ taza de azúcar en polvo (superfina)

3 huevos

150 g / 5 oz / 1¼ tazas de harina con levadura (levadura)

5 ml / 1 cucharadita de levadura en polvo

5 ml / 1 cucharadita de canela molida

350 g / 12 oz / 2 tazas de azúcar glas (de repostería), tamizada

5 ml / 1 cucharadita de cáscara de naranja finamente rallada

100 g / 4 oz / 1 taza de avellanas, molidas en trozos grandes

300 g / 11 oz / 1 lata mediana de ciruelas, escurridas

Batir la mitad de la mantequilla o margarina y el azúcar en polvo hasta que esté suave y esponjoso. Poco a poco, bata los huevos, luego agregue la harina, el polvo de hornear y la canela. Colocar en un molde cuadrado (molde) engrasado y forrado de 23 cm / 9 in y hornear en horno precalentado a 180 ° C / 350 ° F / marca de gas 4 durante 40 minutos hasta que al insertar un pincho en el centro salga limpio. Retirar del molde y dejar enfriar.

Batir la mantequilla o margarina restante hasta que esté blanda, luego mezclar el azúcar glas y la cáscara de naranja rallada. Corta el bizcocho por la mitad horizontalmente, luego empareda las dos mitades junto con dos tercios del glaseado. Extienda la mayor parte del glaseado restante sobre la parte superior y los lados del pastel. Presione las nueces alrededor de los lados del pastel y coloque las ciruelas de manera atractiva en la parte superior. Coloca el resto de la formación de hielo de forma decorativa alrededor del borde superior del pastel.

# *Poda Layer Gâteau*

Hace una torta de 25 cm / 10 pulgadas

## Para el pastel:

225 g / 8 oz / 1 taza de mantequilla o margarina

300 g / 10 oz / 2¼ tazas de azúcar en polvo (superfina)

3 huevos, separados

450 g / 1 lb / 4 tazas de harina común (para todo uso)

5 ml / 1 cucharadita de levadura en polvo

5 ml / 1 cucharadita de bicarbonato de sodio (bicarbonato de sodio)

5 ml / 1 cucharadita de canela molida

5 ml / 1 cucharadita de nuez moscada rallada

2,5 ml / ½ cucharadita de clavo molido

Una pizca de sal

250 ml / 8 fl oz / 1 taza de crema simple (ligera)

225 g / 8 oz / 11/3 tazas de ciruelas pasas cocidas sin hueso (sin hueso), finamente picadas

## Para el llenado:

250 ml / 8 fl oz / 1 taza de crema simple (ligera)

100 g / 4 oz / ½ taza de azúcar en polvo (superfina)

3 yemas de huevo

225 g / 8 oz / 11/3 tazas de ciruelas pasas cocidas, deshuesadas (sin hueso)

30 ml / 2 cucharadas de cáscara de naranja rallada

5 ml / 1 cucharadita de esencia de vainilla (extracto)

50 g / 2 oz / ½ taza de nueces mixtas picadas

Para hacer el pastel, mezcle la mantequilla o margarina y el azúcar. Poco a poco, agregue las yemas de huevo, luego agregue la harina, el polvo de hornear, el bicarbonato de sodio, las especias y la sal. Incorporar la nata y las ciruelas pasas. Batir las claras de huevo hasta que estén firmes y luego incorporarlas a la mezcla. Vierta en tres moldes para sándwich (sartenes) engrasados y enharinados de 25 cm / 10 y hornee en un horno precalentado a 180 ° C / 350 ° F / marca de gas 4 durante 25 minutos hasta que esté bien levantado y elástico al tacto. Dejar enfriar.

Mezcle todos los ingredientes del relleno excepto las nueces hasta que estén bien mezclados. Coloque en una sartén y cocine a fuego lento hasta que espese, revolviendo continuamente. Extienda un tercio del relleno sobre la torta base y espolvoree con un tercio de las nueces. Coloque el segundo bizcocho encima y cubra con la mitad del glaseado restante y la mitad de las nueces restantes. Coloque el bizcocho final encima y esparza el glaseado restante y las nueces por encima.

# *Pastel de rayas arcoíris*

Hace un pastel de 18 cm / 7 pulgadas

## Para el pastel:

100 g / 4 oz / ½ taza de mantequilla o margarina, ablandada

225 g / 8 oz / 1 taza de azúcar en polvo (superfina)

3 huevos, separados

225 g / 8 oz / 2 tazas de harina común (para todo uso)

Una pizca de sal

120 ml / 4 fl oz / ½ taza de leche, más un poco más

5 ml / 1 cucharadita de crémor tártaro

2,5 ml / ½ cucharadita de bicarbonato de sodio (bicarbonato de sodio)

Unas gotas de esencia de limón (extracto)

Unas gotas de colorante rojo.

10 ml / 2 cucharaditas de cacao en polvo (chocolate sin azúcar)

## Para el relleno y el glaseado (glaseado):

225 g / 8 oz / 11/3 tazas de azúcar glas (de repostería), tamizada

50 g / 2 oz / ¼ taza de mantequilla o margarina, ablandada

10 ml / 2 cucharaditas de agua caliente

5 ml / 1 cucharadita de leche

2,5 ml / ½ cucharadita de esencia de vainilla (extracto)

Hebras de azúcar de colores para decorar

Para hacer el pastel, mezcle la mantequilla o margarina y el azúcar hasta que esté suave y esponjoso. Incorpora gradualmente las yemas de huevo, luego agrega la harina y la sal alternativamente con la leche. Mezcle el crémor tártaro y el bicarbonato de sodio con un poco de leche extra, luego mezcle con la mezcla. Batir las claras de huevo hasta que estén firmes, luego incorporar a la mezcla con una cuchara de metal. Divida la mezcla en tres porciones iguales. Revuelva la esencia de limón en el primer tazón, el colorante rojo para alimentos en el segundo tazón y el cacao en el tercer tazón. Vierta las mezclas en moldes (moldes) para pasteles engrasados y forrados de 18 cm / 7 y hornee en un horno precalentado a 180 ° C / 350 ° F / marca de gas 4 durante 25 minutos hasta que estén dorados y elásticos al tacto. Deje enfriar en las latas durante 5 minutos, luego colóquelo en una rejilla para terminar de enfriar.

Para hacer el glaseado, coloca el azúcar glass en un bol y haz un hueco en el centro. Incorpora poco a poco la mantequilla o margarina, el agua, la leche y la esencia de vainilla hasta obtener una mezcla untable. Emparede los pasteles con un tercio de la mezcla, luego esparza el resto sobre la parte superior y los lados del pastel, raspando la superficie con un tenedor. Espolvoree con la parte superior con hebras de azúcar de colores.

# Gâteau St-Honoré

Hace una torta de 25 cm / 10 pulgadas

## Para la pasta choux (pasta):

50 g / 2 oz / ¼ taza de mantequilla o margarina sin sal (dulce)

150 ml / ¼ pt / 2/3 taza de leche

Una pizca de sal

50 g / 2 oz / ½ taza de harina común (para todo uso)

2 huevos, ligeramente batidos

225 g / 8 oz de hojaldre

1 yema de huevo

## Para el caramelo:

225 g / 6 oz / ¾ taza de azúcar en polvo (superfina)

90 ml / 6 cucharadas de agua

## Para el relleno y decoración:

5 ml / 1 cucharadita de gelatina en polvo

15 ml / 1 cucharada de agua

1 cantidad de glaseado de crema de vainilla

3 claras de huevo

175 g / 6 oz / ¾ taza de azúcar en polvo (superfina)

90 ml / 6 cucharadas de agua

Para hacer la masa choux (pasta), derrita la mantequilla con la leche y la sal a fuego lento. Lleve rápidamente a ebullición, luego retire del fuego y agregue rápidamente la harina y mezcle hasta que la masa se despegue de los lados de la sartén. Deje enfriar un poco, luego bata los huevos muy gradualmente y continúe batiendo hasta que quede suave y brillante.

Estirar la masa de hojaldre en un círculo de 26 cm / 10½, colocar en una bandeja de horno engrasada (para galletas) y pinchar con un tenedor. Transfiera la masa choux a una manga pastelera con una boquilla (punta) lisa de 1 cm / ½ pulgada y haga un círculo alrededor del borde de la masa de hojaldre. Dibuja un segundo círculo a mitad de camino hacia el centro. En una bandeja para hornear engrasada separada, coloque el resto de la masa choux en bolas pequeñas. Cepille toda la masa con yema de huevo y hornee en horno precalentado a 220 ° C / 425 ° F / marca de gas 7 durante 12 minutos para las bolas de choux y 20 minutos para la base hasta que estén doradas e infladas.

Para hacer el caramelo, disuelva el azúcar en el agua, luego hierva sin revolver durante unos 8 minutos a 160 ° C / 320 ° F hasta que tenga un caramelo ligero. Cepille el anillo exterior con caramelo, poco a poco. Sumerja la mitad superior de las bolas en el caramelo, luego presiónelas contra el anillo de masa exterior.

Para hacer el relleno, espolvorear la gelatina sobre el agua en un bol y dejar hasta que quede esponjoso. Coloca el bol en una olla con agua caliente y déjalo hasta que se disuelva. Deje enfriar un poco, luego agregue la crema de vainilla. Batir las claras de huevo hasta que estén firmes. Mientras tanto, hierva el azúcar y el agua a 120 ° C / 250 ° F o hasta que una gota de agua fría forme una bola dura. Incorpora gradualmente las claras de huevo y continúa batiendo hasta que se enfríe. Incorpora las natillas. Coloque la crema pastelera en el centro del pastel y déjelo enfriar antes de servir.

# *Fresa Choux Gâteau*

Hace un pastel de 23 cm / 9 pulgadas

50 g / 2 oz / ¼ taza de mantequilla o margarina

150 ml / ¼ pt / 2/3 taza de agua

75 g / 3 oz / 1/3 taza de harina común (para todo uso)

Una pizca de sal

2 huevos, ligeramente batidos

50 g / 2 oz / 1/3 taza de azúcar glas (de repostería), tamizada

300 ml / ½ pt / 1¼ tazas de crema doble (espesa) batida

225 g / 8 oz de fresas, cortadas por la mitad

25 g / 1 oz / ¼ taza de almendras en copos (en rodajas)

Coloque la mantequilla o la margarina y el agua en una cacerola y déjela hervir lentamente. Retirar del fuego y batir rápidamente la harina y la sal. Poco a poco, bata los huevos hasta que la masa esté brillante y se despegue de los lados de la sartén. Coloque cucharadas de la mezcla en un círculo en una bandeja para hornear engrasada (para galletas) para formar un pastel circular y hornee en un horno precalentado a 220 ° C / 425 ° F / marca de gas 7 durante 30 minutos hasta que esté dorado. Dejar enfriar. Corta el bizcocho por la mitad de forma horizontal. Batir el azúcar glas en la nata. Emparedar las mitades junto con la nata, las fresas y las almendras.